Inspiration Sinai

S.N. Machat

Wenn nichts bleibt wie es ist und nichts mehr ist wie es war,
ist es gut eine Pause einzulegen in der Leere (Lehre)
der Wüste.
Die Stille, der Wind, das Feuer, die Sterne, die Erde, Dein eigener Herzschlag und die Kraft des Augenblicks. Sonst nichts.
Innehalten. Einfach Sein. Dich erinnern, wer Du bist.
Dich erinnern,
woher Du kommst und wohin Du gehst.
Eingebettet im Großen Ganzen.

Sabera Neeltje Machat

Inspiration Sinai

Reise in die Stille – die heilende Kraft der Wüste

www.earth-oasis-verlag.com, www.earth-oasis-travel.com

Gesamtherstellung: AALEXX Druck GmbH, Großburgwedel
Printed in Germany

ISBN 978-3-89539-519-2

Widmung

Dieses Buch ist Lama Sogyal Rinpoche und den vielen
Meditationsmeistern und Gelehrten gewidmet,
deren Einsichten und Weisheit die Basis geschaffen haben,
diesen Weg zu gehen.

Dieses Buch ist meinen Kindern Marius, Saskia, Peter und
Laura, sowie meinem Enkelkind Alina gewidmet.
Danke, dass es Euch gibt!

Und ich widme es den Frauen, die mir in den richtigen Momenten
unterstützend und hilfreich zur Seite standen, wenn ich
an einer Schwelle stehend nicht wusste, wie es weiter geht,
Mira, Hete und Renata.

Für Dich und alle Menschen,
die mit Dir zusammenkommen.
Möge Mitgefühl, Mut, Vertrauen, Frieden
und Weisheit in Deinem Herzen und Geiste wachsen
und dadurch in der ganzen Welt.

Inhalt

Vorwort

Manchmal passiert in unserem Leben etwas Unerwartetes, das uns von einem Moment auf den Anderen den Boden unter den Füßen wegzieht. Vielleicht wird die Arbeit, mit welcher wir uns über Jahre identifiziert haben, gekündigt. Oder ein uns nahe stehender Mensch stirbt. Oder es ereignet sich eine Naturkatastrophe, die all unser Hab und Gut zerstört. Oder ein Partner trennt sich von uns. Oder eine Krankheit wird diagnostiziert. Oder ... Oder ... Oder ...

In einem solchen Moment sind wir erst mal zutiefst schockiert und erschüttert und können es nicht fassen. Der Verstand bekommt es nicht auf die Reihe. Haben wir uns doch Jahre lang mit dem, was jetzt nicht mehr ist, identifiziert!

Im Grunde ist es eine Einweihung in die Natur des Geistes, weit über den Verstand hinaus. Eine Einweihung in den Raum unseres Geistes, woher wir kommen und wohin wir gehen. Eine Befreiung. Eine Befreiung von Fesseln, von Denkgebäuden, von Gewohnheiten, von *vermeintlichen* Sicherheiten. Vielleicht sogar von sehr unbequemen und einengenden Umständen.

Das einzige Problem ist, dass wir meistens erst mal glauben, dass das Leben ohne all das nicht mehr weiter geht. Ängste tauchen auf, uralte Existenzängste. Wenn wir aber den weiten unendlichen Raum des Geistes jenseits der irdischen „Sicherheiten“ erkennen können, als Urgrund unserer Existenz, sind wir schon einen riesigen Schritt in Richtung Heilung gegangen.

Die Erkenntnis, dass wir im Kosmos bestens aufgehoben sind, *wenn wir uns aus dem Weg gehen*, hat sich mir Schritt für Schritt gezeigt. In der Leere sind Fülle und endlose Möglichkeiten existent. Ich spreche aus eigener Erfahrung. Leider konnte ich mein jetziges Wissen „damals“, als es mir passierte, noch nicht direkt wahrnehmen. Aber die weite Leere und Stille der Wüste haben mir dabei immer wieder geholfen.

Ich habe, damit die Entfaltung meiner Erlebnisse sich besser nachvollziehen lässt, einige Geschichten aus „Feuer der Wüste, Frau der Erde – 150 Tage alleine in der Wüste Sinai“ (Erdverlag 1999) noch einmal überarbeitet und in dieses Buch mit aufgenommen.

KAPITEL 1

Die Vorgeschichte

Anfang der 80er Jahre gab es in meinem Leben ein Ereignis, welches sich wie ein Tsunami auswirkte. Genau so, wie in der Natur, erlebte ich es in drei Wellen.
Die erste Welle ist die Krebserkrankung meines Vaters. Zu dieser Zeit fuhr ich, wie jeden Sommer, mit meinen vier Wunschkindern, die innerhalb von 5 Jahren geboren wurden, mit unserem Wohnmobil nach Griechenland auf einem Campingplatz und blieb einige Wochen, bevor mein damaliger Mann nachkam und wir unterwegs waren, „wild" campten und alle möglichen Sehenswürdigkeiten, die für einen gelernten Kunsthistoriker von Bedeutung sind, besuchten.
Kurz vor unserer Reise ging ich meine Eltern besuchen und mein Vater ist stark wie immer und bei bester Gesundheit. Als ich nach 6 Wochen wiederkomme, ist er ein vom Tod gezeichneter Mann. Er hat Darmkrebs und so viele Kilos in der kurzen Zeit verloren, dass ich ihn kaum wieder erkenne.
Im Dezember des gleichen Jahres wird bei meinem Mann ein Nierentumor festgestellt. Ich bin Weihnachten alleine mit den Kindern, die alle noch im Vorschulalter sind. Es ist das erste Mal, dass ich so hautnah mit dem Tod und mit Krankheit konfrontiert werde. Ich befürchte, bald ganz alleine mit den Kindern zu sein und stehe unter Schock, reiße mich natürlich zusammen, weil ich für meine Kinder sorgen muss.
Mein Mann erholt sich, obwohl er eine Niere verloren hat, relativ schnell. Er ist bald wieder „der Alte" und arbeitet nach wie vor unentwegt an seiner Karriere, publiziert und veröffentlicht, hält Vorträge und setzt sich für die Erhaltung des Kulturguts in seiner ehemaligen Heimat ein. Mein Vater stirbt im April.
Die zweite Welle kommt ein paar Jahre später, als mein Mann sich von neuem in eine ehemalige Freundin verliebt und mir mitteilt, dass er sich von mir trennen will. Ein Donnerschlag bei klarem Himmel *und* ein Moment der Einweihung (den ich erst viele Jahre später als solchen erkennen kann). In diesem Augenblick ist mein Gehirn leer, der Film meines Lebens ist geris-

sen, der Boden unter meinen Füßen weggezogen. Nur eine weite Leere ist da. Ich kann nicht denken, mein Gehirn kann das Unfassbare nicht einordnen oder verarbeiten.
Vierzehn Jahre sind wir zusammen gewesen, nachdem ich ihn aus dem damaligen Ostblock herausgeheiratet habe. Wegen ihm verließ ich meine niederländische Heimat, damit wir zusammen eine Existenz in Deutschland aufbauen. Ich will mich auf keinen Fall von meinen Kindern trennen und auch die Kinder dürfen nicht voneinander getrennt werden!
Wir sind in Griechenland als er mir seine Entscheidung mitteilt. Zurück fahren wir mit der Fähre von Patras nach Ancona. Als wir in Italien ankommen, muss ich auf dem Schiff bleiben, um die Papiere für das Auto in Ordnung zu bringen, und warten bis ich an der Reihe bin, von Bord zu fahren. Unten im Hafen sehe ich die vier Kinder mit ihrem Vater laufen und eine innere Stimme sagt mir, dass diese fünf zusammen ihren Weg weiter miteinander gehen werden. Diese Idee kommt mir genau so unwirklich und absurd vor, wie wenn man mir gesagt hätte, dass ich in die Wüste gehen würde ...
Dreieinhalb Jahre später kommt die dritte Welle und – es ist so weit. Eines Tages bin ich völlig erschöpft davon, mit wenig Geld auskommen zu müssen und Tag und Nacht mit den vier Kindern alleine zu sein. Ich lasse einen Seufzer los und sage ihren Vater, *er* solle doch mal die Kinder nehmen. Am Abend des nächsten Tages teilt er mir mit, dass er und seine Freundin dazu bereit sind. Diese Antwort lässt jedoch alle Alarmglocken in mir erklingen.
Ich will all meine Energie zusammennehmen und weitermachen. Die Kinder brauchen ihre Mama doch noch und ich brauche meine Kinder – wir sind *ein* Energiefeld. Noch nie in meinem Leben habe ich mich mit irgendjemand so unmittelbar verbunden gefühlt wie mit meinen Kindern. Bei jedem von ihnen habe ich im Moment der Befruchtung gespürt, dass ich schwanger bin. Die Wunder des entstehenden und sich entwickelnden Lebens haben mich zutiefst berührt. Die kleinen Babys, ihre Entwicklung, die Verzauberung, die ausgeprägten einmaligen Persönlichkeiten von jedem von ihnen sind mir so ans Herz gewachsen. Jedoch, mein Seufzer vom Vortag hatte die dritte Welle ausgelöst.
Innerhalb von zwei Wochen findet sich eine neue Wohnung und vor allem die ältesten Kinder wollen jetzt unbedingt in die „tolle" Großstadt ziehen. So bekommt die ganze Geschichte eine Eigendynamik, die sich nicht aufhalten lässt.

Während dieser Zeit gehe ich durch die Phasen, die Elisabeth Kübler-Ross in ihren Büchern über Sterbende beschreibt. Ich kämpfe, um das Ganze rückgängig zu machen. Ich feilsche, verspreche mir alles Mögliche, nur damit der Umzug meiner Kinder und die Auflösung unseres Zuhauses nicht stattfinden werden. Es lässt sich aber nicht aufhalten. In weniger als zwei Monaten löst sich mein Leben in nichts auf. Alles was mir wichtig ist, die Menschen, die mir am Liebsten sind und all die Gegenstände die meine Welt ausmachen, gehen. Es ist mir zu schmerzhaft, irgendetwas von dem was unsere gemeinsame Welt ausmacht zu behalten. Alles geht mit den Kindern in die neue Wohnung – sie sollen wenigsten die ihnen vertrauten Gegenstände um sich behalten.
Zwei Abende vor dem Umzug gehe ich immer noch kämpfend und feilschend ins Bett. Als ich am nächsten Morgen aufwache ist ein Durchbruch da, eine Akzeptanz – die Einsicht, dass die Ereignisse nicht mehr aufzuhalten sind. In dem Augenblick bin ich bereit loszulassen. Es ist die unmittelbare Erfahrung von Stirb und Werde. Leere und Frieden, ohne Gedanken. Hingabe an das, was ist.
Ich wohne in einem leeren Apartment, drei U-Bahn-Haltestellen von den Kindern entfernt, und muss mich vollkommen neu orientieren. Alles, womit ich mich identifiziert habe, gibt es in dieser Form nicht mehr. Ich kaufe einen schönen weißen Wollteppich und habe ab jetzt nur Kerzen, Blumen, Statuen und wertvolle Kleinigkeiten die mich inspirieren – anstelle einer Wohnung von 240 Quadratmetern mit 9 Zimmern voller Möbel, Elektrogeräten, Klavier und Kinderspielsachen.
Im Laufe der Jahre werde ich verstehen, dass wir Menschen nicht verlieren, wenn sie aus unserem Leben gehen. Wir hören nur auf, bestimmte Rollen für einander zu spielen. Die tiefe Verbundenheit besteht immer weiter.
Das dreimonatige Schweigeretreat mit Lama Sogyal Rinpoche („Das tibetische Buch vom Leben und vom Sterben“) kommt genau im richtigen Moment. Eine Zeit der Leere und der Lehre. Beim Schweigen entdecke ich eine bis dahin ungekannte Dimension. Wenn irgendwo, ganz weit entfernt, einer der ca. 500 Teilnehmer aus aller Welt über das Gelände huscht, weiß ich wer es ist … Ich fange an, die Kraft und das Potential der Stille kennen zu lernen. Während des Retreats haben wir die Erlaubnis, jeden Abend nach dem Abendessen eine halbe Stunde mit einander zu sprechen. Mir fällt aber nichts ein, was wichtig genug wäre, diese so kostbare und tiefe Stille zu brechen.

Der Raum jenseits von Worten wird immer weiter, reichhaltiger, vibrierender, unbeschreiblicher, still und allumfassend.
Gerade für mich, als polyglotte Holländerin, ist es ein sehr erstaunliches und bereicherndes „Aha-Erlebnis“, diesen Raum jenseits von Worten zu erfahren. Auch die Gedanken, die normalerweise unaufhörlich durch mein Gehirn taumeln, hören auf, werden still. Drei Monate, drei Wochen und drei Tage ist der Zeitraum, in welchem ich meine ersten Erfahrungen in der Stille sammle.
Alles wird während dieser Zeit des Schweigens anders. Ich sehe alles gleichzeitig. Nah und fern, die kleinsten Details und das große übersichtliche Bild. Weitwinkel und Nahaufnahme. Makrokosmos und Mikrokosmos. Es ist, als ob meine Augen Fenster sind, durch die ich hinausschaue – und gleichzeitig bin ich mit allem was ich über die Augen wahrnehme, verbunden. Alles, was ich wahrnehme, ruht einfach in der Wahrnehmung, ohne kommentiert zu werden. Grenzen lösen sich auf, die Trennung von dem was *in* mir ist und was außerhalb von mir ist, löst sich auf. Ich fühle die alles und jeden durchdringende Kraft des einfachen Seins. Nicht abgehoben, sondern geradezu viel erdverbundener als je zuvor. Ich *bin* einfach. Mit allen Sinnen hellwach und gleichzeitig weit über die Sinne hinaus eingestimmt auf alles, was ist.

KAPITEL 2

Das erste Mal in der Wüste

Aus dem Retreat wieder in der Welt angekommen, bittet mich eine Freundin einige Monate später, sie auf einer von ihr organisierten Reise, welche mich auf einem Segelschiff über den Nil führen würde, zu begleiten und ihr zu assistieren. Es ist der perfekte Anschluss an das Schweigeretreat! Welch ein Zufall!

Als wir mit einem kleinen Minibus von Assuan nach Abu Simbel in Ober-Ägypten fahren, fließen mir während der ganzen dreieinhalb Stunden die Tränen übers Gesicht. Tränen des Erkennens, des zutiefst berührt seins, des nach Hause kommens. Diese Leere ist wie die Leere, die in meinem Leben entstanden ist – und die Leere, welche ich während der Zeit des Schweigens erlebt habe. Es ist aber keine leere Leere: es ist eine Leere gefüllt mit vibrierender Energie, Liebe, Kraft und Weichheit – ein Raum und eine Qualität, welche mit Worten kaum zu beschreiben ist. Es ist meine erste Bekanntschaft mit der besonderen, einzigartigen, heilenden Kraft der Wüste. Der weite stille Raum, welchen ich beim Schweigen erstmals entdeckt hatte, ist nun fast greifbar, sichtbar und spürbar auf der Erde.

Als ich nach der Nilfahrt wieder eine Weile in Deutschland bin, habe ich eine unendliche Sehnsucht nach dieser Stille. Die Hektik der Großstadt, die Nachrichten, die Ablenkungen, die vielen Eindrücke und Energien, die auf mich einwirken, lassen es immer schwieriger werden, die tiefe Stille in mir zu hüten. Ich merke, dass ich dabei bin, diesen tiefen Frieden zu verlieren. Er ist noch zu zart, zu neu, noch nicht stabil genug in mir verankert.

Meine Freundin rät mir, in den Sinai zu gehen – sie ist es, die mir die Adresse vom Bambushüttencamp gibt, wo ich später mit vielen Teilnehmern meiner Reisen immer wieder einkehre. Dieses, allerdings, ahne ich noch nicht.

Das Bambushüttencamp ist ein Paradies. Es gibt nur ein paar Hütten, ein Beduinenzelt mit einer großen Feuerstelle und sonst ringsherum nur Wüste, die bis ans Meer geht. Es gibt weder Strom noch Telefon und das Einzige was man hört, ist die Stille der Wüste, die Wellen des Meeres, das Knistern des Feuers und manchmal ein Gespräch an der Feuerstelle im großen Beduinenzelt.

Von weitem sehe ich die Berge der Wüste, majestätisch, gewaltig, eine enorme Kraft, Stabilität und Ruhe ausstrahlend. Ich ahne die Stille, die dort herrschen muss. Sie ziehen mich magisch an.
Der Gedanke, da hin gehen zu wollen, lässt mich nicht mehr los. Koste was es wolle – ich muss in diese Berge und Täler der Wüste! Als ich an diesem Abend am Feuer sitze, bietet ein junger Beduine mir an, mich mit seinem uralten Jeep in die Wüste hinein zu fahren.
Eine Nacht verbringe ich in der Wüste. Die Stille ist überwältigend. Ich höre meinen eigenen Herzschlag, ich höre meinen Atem, jeden Fußschritt durch den Sand … In mir dehnen sich wieder die Weite und die Stille aus, die ich in den Monaten des Schweigens erfahren habe – ganz von alleine. Ich liege in der dunklen Wüstennacht auf der Erde und schlafe kaum. Ich staune, höre, sehe, fühle und nehme all das tief in mir auf. Es ist, als ob ich wieder zu meinem Ursprung zurückgekehrt bin. Ich bin grenzenlos wie die Wüste und das ganze Universum.
Das ist der Moment wo sich der Samen in mich setzt, 21 Tage alleine in der Wüste verbringen zu wollen. Warum 21 Tage? Ich weiß es nicht. Diese Zahl taucht einfach in meinen Gedanken auf. Dreimal sieben. Es fühlt sich richtig an – aus welchem Grund auch immer …
Aber wie soll ich das anstellen? Der Beduine, der mich das erste Mal dorthin begleitet hat, kommt wegen seiner plumpen Annäherungsversuche nicht in Frage. Ich spreche noch nicht arabisch. Wem kann ich vertrauen? Wem kann ich klar machen, was ich will: einfach alleine, wirklich ganz alleine, in der Wüste zu sein? Wie kann ich sicherstellen, dass der Beduine, der mich dahin bringt, mich nicht immer wieder alleine oder mit Freunden oder Familienangehörigen besuchen wird? Wie kann ich sicher sein, dass er mich auch wieder abholen wird? Wie kann ich sicher sein, dass er nicht herum erzählen wird, dass dort eine Frau ganz alleine sitzt? Ich entspanne mich und vertraue darauf, dass sich mein Vorhaben zur richtigen Zeit am richtigen Ort entfalten wird.

KAPITEL 3

Überlebenskunst und Wunder

Einige Male fliege ich hin und her zwischen Deutschland und Ägypten – ich lasse mir Zeit, denn ich will kein Risiko eingehen in dieser mir doch so fremden Welt. Erstaunlicherweise bekomme ich immer wieder genügend Geld zusammen, mir ein Flugticket und den Aufenthalt dort leisten zu können. Ich lebe von Körper-, Atem- und Energiearbeit-Sessions. Die Ausbildung hatte ich schon angefangen als ich noch mit den vier Kindern alleine lebte. Auch damals war es schon ein erstaunliches Ereignis, wie ich zu dem Geld kam, damit ich diese teure Ausbildung finanzieren konnte. Für den Lebensunterhalt der Kinder und mich hatte ich die Hälfte des Geldes als vorher zur Verfügung. Es war eigentlich zu wenig zum Leben und zu viel zum Sterben. Als ich aber den Ausbildungskatalog meiner Lehrer gefunden hatte, spürte ich „im Bauch", dass dies genau das Richtige für mich war. Drei Jahre lang sollte ich pro Jahr das Zehnfache von dem, was ich monatlich zur Verfügung hatte, dafür bezahlen. Obwohl ich keine Ahnung hatte, woher ich das Geld nehmen konnte, fühlte es sich richtig an, so dass ich den Vertrag unterschrieb.

Eine Woche später wurde ich von einer Behörde angerufen, die derjenigen ähnelte, für die ich während meiner ersten Jahre in Deutschland tätig war; damals machte ich Besuchsprogramme für Gäste der Bundesregierung, die Informationsreisen durch die Bundesrepublik machten. Nun wurde ich gefragt, ob ich eine ausländische Delegation auf einer vierzehntägigen Informationsreise begleiten könnte. Mit diesem Auftrag – auf welchen noch viele folgten – konnte ich meine Ausbildung finanzieren. Meine Mutter hatte ihre Freude daran, immer wieder aus Holland anzureisen und Zeit mit ihren Enkelkindern zu verbringen.

KAPITEL 4

Wunder auf dem Nil

Immer wieder zieht es mich nach Ägypten. Mal alleine in den Sinai, mal zusammen mit meiner Freundin per Feluke (Segelschiff) auf dem Nil. Mein Körper muss sich immer wieder heftig mit den Bakterien in diesem Land auseinandersetzen. Oder sind es einfach die gewaltigen Energien der Erde, des Wassers, des Feuers und des Windes, die auf mich wirken? Ich scheine mich jedenfalls gründlich zu reinigen! Jedes Mal jedoch, weiß ich, welches Thema in mir angesprochen wird.

So auch dieses Mal, als wir wieder einmal zehn Tage auf dem Nil unterwegs sind. Beim Besuch im Haus des Feluken Kapitäns, kurz vor unserer Reise, bekomme ich mit, wie er seiner Frau für die ganzen zehn Tage weniger als umgerechnet eine D-Mark hinterlässt. Zu wenig zum leben, zuviel zum sterben. Ich spüre ihre Wut und Ohnmacht – es ist als ob meine ganze Energie auf sie überspringt und mir ist es augenblicklich total übel. Und wieder einmal ist der Brechdurchfall da. Reinigung ist angesagt!

Wir gehen trotzdem aufs Boot und segeln los. Diesmal gehen wir von Luxor in Richtung Assuan – gegen den Strom. Ich liege ziemlich ohnmächtig im Schatten auf dem Deck und die Landschaft zieht an mir vorbei. Immer wieder müssen wir anlegen, damit ich „ins Gebüsch" gehen kann, um meinen Darm zu entleeren.

Ich habe nicht damit gerechnet, dass diese Angelegenheit so lange dauern wird. Nach einigen Tagen geht mir das Toilettenpapier aus. Nun bin ich arg in Not! Wir sind auf einer Strecke im Nil, wo es *nichts* gibt als nur Wüste auf beiden Seiten. Wüste und manchmal ein schmaler Streifen mit Palmenhainen oder Bananenplantagen. Kein Dorf in Sicht. Und auch, wenn es ein Dorf geben würde, gäbe es dort sicherlich kein Supermarkt wo man Klopapier kaufen kann!

Ich tue mein Bestes, die Situation so zu akzeptieren wie sie ist und versuche, einfach zu entspannen. Was sonst? Bis plötzlich die Männer in heller Aufregung sind. Es kommt auf dem Wasser ein kleines Päckchen auf unser Schiff zu. Sie fischen es geschickt heraus und … es sind zwei Rollen Toilettenpapier! Sanft, weiß und trocken!

Wir können unseren Augen nicht glauben! Woher kommt es? Kein Schiff, kein Haus, kein Mensch ist in Sichtweite. Es ist wie Manna – ein Geschenk des Himmels!
Wieder einmal darf ich erfahren, dass es etwas Größeres gibt als unser kleiner Verstand begreifen oder auch nur ahnen kann. Zum Glück war meine Freundin bei diesem Ereignis dabei, sonst würde ich vielleicht meinen, ich hätte alles nur geträumt! Auch Jahre später erinnern wir uns noch sehr gerne an dieses magische Ereignis.

KAPITEL 5

21 Tage alleine in der Wüste

Wieder im Sinai treffe ich eines Abends im Bambushüttencamp einen Beduinen am Feuer, welcher mit einer amerikanischen Frau verheiratet war, in Amerika lebte, aber nach einigen Jahren in seinen Sinai zurückgekehrt ist. Nach vielen Gesprächen – in englischer Sprache! – beschließe ich, diesen Mann zu fragen, ob er mich in die Wüste führen würde. Ich denke, wenn einer verstehen kann was ich in der Wüste machen will, dann ist er es.
Da ich immer noch auf Nummer Sicher gehen will – es geht nach meinem Gefühl um Leben und Tot – bitte ich ihn, mit mir zur Polizei zu gehen, um eine Genehmigung für den Wüstenaufenthalt zu erhalten. Er willigt ein – was ich als ein gutes Zeichen empfinde. Allerdings will der Polizist, dass der Beduine mitgeht – dass ich als Frau alleine in die Wüste gehe kommt nicht in Frage. Aber ich brauche den Beduinen nicht – ich will alleine sein! Daraufhin erklärt er mir, dass er mich trotzdem in die Wüste bringen wird. Das ist für mich das erlösende Wort. Denn, wenn etwas passiert, wird die Polizei an erster Stelle bei ihm nachforschen. Das ist meine Sicherheit.
So kommt der Tag, an welchem ich für 21 Tage ganz alleine in die Wüste gehe. Ein kleines Iglu-Zelt, ein Schlafsack, ein kleiner Flickenteppich, ausreichend Wasservorrat, ein Topf, eine Teekanne, Streichhölzer und Proviant habe ich dabei und lasse mich von dem Beduinen tief in die Wüste hineinfahren.
Versteckt hinter einem Berg baue ich das Iglu-Zeltchen auf und stelle meine Essensvorräte hinein und lege meinen Schlafsack dazu. Ich habe nicht vor in dem Zeltchen zu schlafen, aber als Schrank ist es sicherlich ganz nützlich.
In kürzester Zeit hat der Beduine einen ganzen Stapel Holz zusammen gebracht. Ich denke, dass er es für mich sammelt, damit ich während der Zeit alleine Tee und Essen kochen kann. Ich bin etwas schockiert, als er alles auf einmal anzündet um, wie ich gleich sehen werde, ein Brot in der Feuerglut zu backen und Tee zu machen.
In mir taucht die Angst auf, dass ich nie genug Holz finden werde und elend vor Hunger sterben muss. Es ist wahrscheinlich eine sehr tiefe Prägung, die sich unter diesen extremen Umständen zeigt. Ich habe hauptsächlich Kartof-

feln, Zwiebeln, Knoblauch und Gewürze dabei, die alle gekocht werden müssen. Erdiges Essen, damit ich nicht abhebe ... Die uralte Existenzangst taucht an der Schwelle zu meinem mutigen Entschluss auf, um zu erfahren was ist, wenn nichts mehr ist.

Als er wegfährt, ist in mir ein Gefühl von Loslassen, Sterben und Hingabe. Nun bin ich total allein mit dem Himmel und der Erde, mit Schlangen, Skorpionen, der Sonne, den Sternen, dem Mond, dem Wetter und - mit mir. Tränen laufen mir über das Gesicht. Ich spüre totale, absolute Leere, ohne Gedanken, als ob einfach – wieder einmal - der Film gerissen oder angehalten worden ist. Ich setze mich auf einen großen Stein und lasse meine Tränen einfach fließen. Es gibt nichts zu tun, als einfach nur zu *sein*.

Nach etwa einer halben Stunde entsteht das Gefühl von Weite und Hingabe – welches ich früher schon einmal im Laufe der drei Monate in Stille und Schweigen erfahren habe und in dem Moment als ich endlich akzeptierte, dass meine Kinder zu ihrem Vater ziehen. Es ist das Gefühl an der Schwelle, wenn wir den Schritt ins Unbekannte voll und ganz wagen. Wie ein kleiner Tod. Stirb und werde ...

Unter einem Baum finde ich Holz für mein erstes Feuer und koche selber Tee. Der Beduine hat mir gezeigt, welche Pflänzchen ich meinem Tee hinzufügen kann, um ein feines minziges Aroma zu erhalten. Die Feuer- und Teezeremonie wird während dieser Zeit in der Wüste Sinai eine meiner häufigsten Tätigkeit werden.

Die erste Nacht ganz alleine mit Millionen Sternen über mir werde ich nie vergessen. Wieder schlafe ich kaum. Es ist zu überwältigend. Diese Stille und diese Unendlichkeit! Ich fühle mich aufgehoben, angebunden an etwas viel Größerem, als ich je zuvor erahnt habe. Der Sonnenaufgang am nächsten Morgen ist ein Wunder: das ganze Spektrum der Regenbogenfarben ist gleichzeitig am Himmel, und die Stille der Wüste ist noch immer da. Diese Stille ist mit Worten nicht zu beschreiben, so reich und so voll.

Am dritten Abend, einer Vollmondnacht, höre ich einen kraftvollen Ton, wie das Nachhallen von Kirchenglocken, eine tiefe Schwingung. Am nächsten Tag ist der Ton immer noch da – mir wird klar: Dies ist der Ton der Erde, den wir nur in der absoluten Stille hören können. Während der restlichen Tage und Nächte durchdringt dieser Ton alle meine Zellen – ich komme wieder in Einklang mit der Erde, mit dem Universum, mit dem Rhythmus von Tag und Nacht, mit dem Ganzen.

Meine innere Uhr funktioniert wieder. Kurz nach Sonnenuntergang lege ich mich nieder und kurz vor Sonnenaufgang wache ich auf. Ich schlafe nur wenig in der Nacht, viele Stunden bin ich wach und staune über alle diese Sterne, über die Weite, und vor allem über die Bewegung des Ganzen.
Schon bevor die Sonne aufgeht koche ich Tee und genieße die Wärme und das Knistern meines Feuerchens. Ich lerne wieder, was ich vor langer Zeit schon verlernt hatte: Nicht immer wieder aufzustehen und etwas zu machen, zu tun, immer wieder neue Beschäftigungen nachzugehen, sondern statt dessen einfach nur da zu sein und immer mehr zu entspannen – einfach zu schauen, zu hören, zu riechen, zu fühlen, zu staunen.
Ich habe das Gefühl, die einzige Frau auf der Erde zu sein. Ich fühle mich gleichzeitig weich und kraftvoll, habe nur ein Tuch um die Hüften und erfahre mich wie die Urfrau im Universum. Es ist eine nährende, heilende Zeit – die verstoßene Frau, die Mutter die ihre Kinder verlor, findet tiefe Heilung. Ich glaube wieder an mich und finde meine Wildheit, Lebendigkeit und tiefe innere Freude wieder.
Als ich einmal ganz wild tanze, taucht folgender Satz in mir auf: „Heilig ist auch saftig". Ich freue mich darüber, nicht nur zu meditieren sondern auch voll und ganz in meinem Körper zu sein – meine heilige Lebendigkeit zu verkörpern und zu feiern! Gleichzeitig bin ich hellwach und aufmerksam, jeder Zeit bereit, mir sofort etwas anzuziehen, sollte in diesem Raum ohne Türen plötzlich und unerwartet jemand auftauchen. Was auch tatsächlich passiert!
An einem Morgen, als ich dabei bin mich zu waschen, tauchen plötzlich hinter einem Berg zwei Männer auf Kamelen auf! Es ist ein Großvater mit seinem Enkel. Ich springe sofort hinter meinem Zeltchen und ziehe mich an. Nachdem der erste Schrecken überstanden ist trete ich hinter dem Zelt hervor und gebe ihnen die Hand – so, wie es in diesem Land üblich ist. Ich gebe ihnen meinen Teepott, Wasser, Zucker und Tee und lade sie ein, Tee zu kochen. Ich möchte nicht das Risiko eingehen, mein Feuer „unprofessionell" zu machen und dabei ertappt zu werden. Deshalb überlasse ich es den Männern, Tee zu zubereiten. Sie machen es selbstverständlich und höchst professionell, natürlich.
Der Großvater tut so, als sei es ganz normal und etwas alltägliches, mit mir, Ausländerin, hier tief in der Wüste Tee zu trinken. Der Junge und ich gucken uns auf einmal an und wir brechen in schallendes Lachen aus. Die Situation ist einfach total absurd und komisch!

Nach dem Teetrinken verabschieden wir uns, sie steigen auf ihre Kamele und verschwinden – als wären sie nie da gewesen. Sie gehen weiter und suchen ihre frei herumlaufenden Kamele, die schon seit einiger Zeit alleine in der Wüste sind.

Tagsüber suche ich Holz und immer finde ich reichlich – „es" lässt mich immer wieder dahin laufen, wo besonders viel Holz liegt. Manchmal komme ich an einer Stelle wo ein toter Baum gefällt, in Stücke geteilt und in einem Dorf abtransportiert wurde. An solchen Stellen liegen noch viele kleine Zweige, die einfach in der Fülle zu unbedeutend waren, um mitgenommen zu werden. An anderer Stelle finde ich richtig große Zweige, die irgendwann mal von Beduinen zu einer Feuerstelle gebracht, aber nicht verbrannt wurden. Oder ich finde Wurzeln von abgestorbenen Pflanzen. Zu meinem großen Erstaunen ist unendlich viel Brennmaterial vorhanden – was ich auf dem ersten Blick überhaupt noch nicht erkennen konnte, in dieser kargen Landschaft. Es ist erstaunlich, wie mich meine Füße an diese Stellen tragen, ohne vorher zu „wissen" was ich dort vorfinden werde … Es ist eine gute Übung, um mein Urvertrauen in die Weisheit des Universums zu heilen!
Ich traue mich, immer größere Kreise zu drehen und entferne mich immer weiter von meinem Basislager. An manchen Tagen tue ich einfach nichts, als nur zu *sein*. Ich werde stiller und stiller und komme in dieser großen Einfachheit immer mehr an.
Am vorletzten Tag habe ich noch zwölf Flaschen Mineralwasser übrig und beschließe, ganz darauf zu vertrauen, dass der Beduine mich am nächsten Morgen abholen wird, und so feiere ich mit meinem letzten Wasser ein kraftvolles Reinigungsritual mitten in der Wüste. An diesem Tag geht mir die ganze Zeit folgender Satz durch den Kopf: „Es ist mein Geburtsrecht, meine Vision und meine Wahrheit kraftvoll und klar auf die Erde zu bringen!" So sei es, zum Wohle aller Beteiligten und weit darüber hinaus!
Am letzen Tag kommt der Beduine schon sehr früh. Viel zu früh. Ich könnte jetzt noch tagelang, wochenlang, monatelang weiter in der Wüste bleiben. In dieser Stille, Einfachheit und in diesem Frieden. Es tut weh, mich von diesem Platz, wo ich mich gefunden habe, wo ich mir begegnet bin, zu verabschieden. Als wir losfahren, fließen mir wieder Tränen übers Gesicht. Nicht nur Tränen des Abschiedsschmerzes, sondern mehr noch, Tränen der Dankbarkeit dafür, dass ich den Mut hatte, diese Erfahrung zu machen.

KAPITEL 6

Nicht besitzen und trotzdem haben

Nach dieser ersten Erfahrung, alleine in der Wüste, kehre ich zurück nach Europa. In den ersten Tagen zuhause habe ich überhaupt keine Lust mich nach draußen in die Welt zu begeben. Ich verbarrikadiere mich regelrecht und spüre einen riesigen Widerstand gegen die Hektik und das Treiben in der Großstadt.

Erst am vierten Tag beschließe ich, in die Stadt zu gehen. Ich staune über die vielen Menschen die alle – so kommt es mir in diesem Moment vor – am rennen und in Eile sind. Die einen laufen von hier nach dort, die anderen laufen von dort nach hier. Es sieht – nach der Stille, Ruhe und Weite der Wüste – etwas sinnlos aus ...

Ich staune über all die Dinge die man nicht braucht, welche in den Geschäften zum Kauf angeboten werden. Meine Wahrnehmung von allem, was früher total normal war, hat sich etwas geändert. Bis ich es im Laufe der Zeit auch nicht mehr so unmittelbar bemerke und alles wieder normal geworden ist. Es sind die Wahrnehmungen an der Schwelle und in Ausnahmezuständen, die einem die feinen Nuancen zeigen die sonst nicht auffallen.

Nach einiger Zeit bin ich wieder in meiner europäischen Welt eingegliedert. Ich treffe mich mit meinen Kindern, gebe meine Sessions, leite Abendgruppen, meditiere, gehe mal hierhin, mal dahin, kaufe mir Blumen und genieße die bunte Vielfalt des Lebens. Sowohl als auch.

Von nun an gehe ich regelmäßig ganz alleine in die Wüste. Mal sind es 10 Tage, mal sind es zwei Wochen. Es sind, wie ich sie nenne, meine „Heilzeiten“. Nun wird es langsam „normal“, dass ich mal in Europa und mal für ein paar Wochen im Sinai bin.

Die Erfahrung zu machen, dass ich im Grunde nichts weiter brauche als die paar Utensilien die ich in der Wüste dabei habe, ist sehr heilsam und bereichernd. Die Stille, die Weite und die Natürlichkeit, das Feuer, die Sterne, Mond und Sonne, die ich nicht besitze und trotzdem habe, sind unendlich kostbar und erfüllend.

KAPITEL 7

40 Tage alleine in der Wüste

Nun wird der Wunsch immer stärker, über eine längere Zeit alleine in der Wüste zu sein. In meinem Kalender plane ich die Zeit Oktober bis November des nächsten Jahres dafür ein - 40 Tage alleine in der Wüste.
Mit größter Sorgfalt bereite ich den 40tägigen Aufenthalt in der Wüste vor. Ich erledige, was zu erledigen ist, telefoniere, verschicke Briefe, treffe Menschen, die mir wichtig sind und suche zusammen, was mir nötig erscheint mitzunehmen. So fliege ich mit meinem Gepäck aus dem herbstlichen Europa in die Sonne des Sinai.
Als ich aus dem Fenster des Flugzeuges die Berge der ägyptischen Wüste erkenne, passiert mir das, was mir, seit ich den Sinai gefunden habe, immer wieder passiert – ob ich nun über Land, übers Meer oder durch die Luft mich diesen Bergen nähere: Mein Herz geht auf und Tränen der Freude, des Heimkommens, des tiefen Berührt seins kullern mir übers Gesicht. Tief in mir weiß ich, dass diese stillen Berge, die einfach nur da sind, dieser weite blaue Himmel, der einfach nur da ist, mich an meine wahre Natur erinnern, die auch einfach nur ist. Heil, ganz und unverletzbar.
In die Wüste zu gehen ist für mich wie das zurückkehren in die Gebärmutter. Diesmal nicht in die Gebärmutter meiner Mutter, sondern in die Gebärmutter der Mutter Erde – als Kind der Erde und des Universums. Es ist eine Heilzeit, in der es nichts zu tun gibt – so wie damals. Einfach sein, nichts beweisen müssen.
Ich erinnere mich an die wundervollen Zeiten meiner Schwangerschaften. Immer neu hat mich das Wunder der sich formenden und entwickelnden Körper zutiefst berührt. Nie fühlte ich mich so tief verbunden mit dem Göttlichen, wie während der Zeit als eine kleine große Seele tief in mir Gestalt annahm. Es sind sehr kraftvolle, zarte und kostbare Erfahrungen, für die ich unendlich dankbar bin. Erstaunlich, das diese Gedanken nun auftauchen, kurz bevor ich 40 Tage alleine in die Wüste gehe. Es ist, als ob ich mich an das Wunder erinnern will, das mich als offenes, spontanes, vor Lebenskraft übersprudelndes kleines Mädchen auf die Erde kommen ließ. Und

an das, was ich hier auf der Erde leben und erfahren will – mich erinnern an meinen göttlichen Ursprung!
Am Abend, im Bambushüttencamp, beim Tee am Lagerfeuer, treffe ich den Beduinen, der mich in die Wüste fahren wird. Wir besprechen, was einzukaufen ist und bestimmen den Tag, an welchem ich in die Wüste gehen werde.
Diesmal bin ich mir ganz sicher, an welchen Platz ich sein möchte: Eine Höhle in den Bergen, unten in einem großen Berg, der voller skurriler Formen ist, Nischen, Öffnungen, sanften wellenförmigen Gebilden, die Wind und Wetter im Laufe der Zeit aus diesem Berg geformt haben – ein vollkommenes Kunstwerk. Die Höhle hat einen großen Platz am Eingang, etwa drei Meter tief, eineinhalb Meter hoch. Von hier aus geht es noch ca. fünf Meter seitlich in den Berg hinein. Die Formen sind weich und weiblich, und an vielen Stellen kann ich in Nischen Kerzen aufstellen. Eine große Feuerstelle ist schon angelegt und ein kleines Mauerchen aus Steinen trennt den großen Raum in zwei Teile.
An dem Tag, an dem ich in die Wüste gehe, bin ich ganz schön aufgeregt. Ich habe Lampenfieber, obwohl ich inzwischen doch ein alter Hase bin, was Alleinaufenthalte in der Wüste anbelangt. Mein Herz schlägt ganz schön stark, ich bin etwas hibbelig und mir kommen alle möglichen Gedanken. Solche, wie: „Was willst Du Dir eigentlich beweisen?“ und „Das ist doch nur ein Ego-Trip.“ taumeln mir durch den Kopf.
Bis wir losfahren. Dann sind die Gedanken weg und ich bin nur noch aufgeregt und voll freudiger Erwartung. Wir fahren ein Stück auf der zweispurigen Asphaltstraße, die den südlichen Sinai mit Israel verbindet. Irgendwann biegen wir ab von der Asphaltstraße und fahren hinein in die Wüste. Am Anfang ist eine Art Sandpiste da, entstanden durch die vielen Autos, die irgendwann einmal hinein- und hinausgefahren sind. Je tiefer wir in die Wüste vordringen, desto weniger Spuren sind zu sehen. Die Berge werden höher und sind sehr majestätisch. Es ist ein ganz besonderes Gefühl zu wissen, dass ich nun 40 Tage lang ganz alleine in diesen Bergen, in dieser Stille, sein werde. Ich fühle mich so, als würde ich gar keine Haut haben, voller Ehrfurcht, Hingabe und Respekt bitte ich um Schutz und Inspiration für mein Vorhaben.
Als wir uns der Höhle nähern, sehen wir, dass unweit davon entfernt ein „Pick-up“, ein Auto, wie die Beduinen es fahren, steht. Zwei Männer, eine

verschleierte Frau und ein Kind sitzen um eine Feuerstelle. Mein Fahrer fragt, ob ich nun doch zu einer anderen Stelle weiterfahren will. Mir ist aber so klar, ich bin so sicher, dass diese Höhle diesmal mein Platz ist, dass ich dennoch hinfahren möchte. Ich habe ja bis jetzt nur gute Erfahrungen gemacht, wenn ich Beduinen in der Wüste getroffen habe, dann ist es eben so, wie es ist.
Als der Beduine, welcher mich hierher gebracht hat, weggefahren ist, kommt die verschleierte Frau und lädt mich zum Teetrinken ein. Ich gehe mit, sitze mit den Menschen zusammen, trinke Tee. Sie fragen nichts. Wir sprechen überhaupt nicht. Es gibt nur die Sprache der Stille. Wir schlürfen Tee. Als ich gehe, geben sie mir Zeichen, die bedeuten, dass ich zum Abendessen zurückkommen soll. Ich nehme dankend an und bringe, als ich zu ihnen zurückgehe, Kartoffeln und Zwiebeln als Beitrag zum Essen mit.
Über uns wölbt sich der Sternenhimmel, die Milchstraße in voller Pracht, der Kochtopf brutzelt heimelig auf dem Feuer, wir sitzen beisammen um die Feuerstelle und die tiefe friedvolle Stille der Wüste ist um uns herum. Ich bin wieder zu Hause.
Dieses Ritual des gemeinsamen Abendessens wiederholt sich noch zweimal. Ich bringe meinen Beitrag zum Essen mit, der große Topf steht auf den drei großen Steinen über dem Feuer. Wir essen, wir trinken Tee, sitzen beisammen um die Feuerglut unter dem Sternenzelt. Irgendwann stehe ich auf, danke und verabschiede mich und lege mich an meinem Platz zum Schlafen nieder. Wie immer in der Wüste schlafe ich kaum. Es ist mir zu schade, die Nacht und die Sterne zu verpassen. Trotzdem bin ich am nächsten Tag nie müde. Die Kraft und die Energie der Wüste wirken auf ihre Art und Weise – auch ohne Schlaf.
Am Morgen des vierten Tages brechen sie ganz früh auf und fahren weg. So sind Begegnungen in der Wüste: Man trifft sich um das Feuer, isst, schlürft Tee und geht wieder seiner Wege.
Menschen, die Menschen begegnen, irgendwann in der Zeit.
Nun bin ich wieder alleine und weiß nicht, was in den nächsten 37 Tagen alles noch passieren wird. In einem Ritual lade ich nochmals die göttlichen Kräfte ein, die mich während dieser Zeit behüten und schützen mögen – auf mein Feuerchen lege ich Myrrhe und Weihrauch, um die Tiere, die Naturgeister und Steinwesen mir gegenüber wohlgesinnt zu stimmen. Ich bitte sie, mir den Raum zu lassen um meine Erfahrungen zu machen. In dieser Umgebung fühlt sich das richtig an.

In der Höhle entdecke ich einige Mitbewohner: drei Mäuse – eine ganz dicke, eine dicke mit viel größeren Ohren und Augen und eine kleine mit einer ganz spitzen Schnauze. Sie sind mir etwas unheimlich, weil sie gerade nachts und bei Dunkelheit herumstöbern. Ich richte eine Ecke ein, in welche ich ihnen regelmäßig etwas Essbares hinlege – damit sie, hoffentlich, nicht überall herumsuchen oder anfangen meine Nase anzuknabbern, wenn ich schlafe. Sie sind eine lustige, ehrenwürdige und trotzdem, bis ich mich an sie gewöhnt habe, nicht alltägliche Gesellschaft für einen Menschen aus nördlichen Regionen.
Auch wohnt eine Fledermaus in der Höhle, die jeden Abend bei Anbruch der Dunkelheit plötzlich und unerwartet vorbeisaust, um ihre nächtlichen Flugübungen zu vollziehen. Darüber hinaus gibt es eine Eidechse, einige schwarze Käfer und ein paar große Ameisen. Während der ersten elf Abende wage ich mich nach Einbruch der Dunkelheit nicht in die Höhle. Es ist mir zu unheimlich, mit all diesen für mich doch sehr ungewohnten Mitbewohnern. Unter den Sternen, in etwas Entfernung von der Höhle, fühle ich mich besser aufgehoben.
Am Abend des zwölften Tages bläst ein eisiger Wind, so dass es draußen kaum auszuhalten ist. Mir bleibt nichts anderes übrig, als in die Höhle zu gehen. Ich zünde sieben Kerzen an und mache mein erstes abendliches Feuer an dieser Feuerstelle. Zu meinem eigenen Erstaunen ist es wunderschön bei dieser stimmungsvollen Beleuchtung – von Angst oder Unheimlichkeit ist keine Spur mehr. Ich räuchere diesmal mit Salbei und genieße das Feuer. Es ist der erste von vielen Abenden bei Kerzenlicht und Feuer in der Höhle. Während dieser Zeit lerne ich viel vom Feuer. Es ist erstaunlich: Jedes Mal fange ich vom gleichen Ausgangspunkt an – Holz, Wurzeln, Streichhölzer. Und doch verläuft das Feuer jedes Mal total anders. Manchmal will es einfach nicht werden und ein anderes Mal bin ich total eingestimmt auf das Feuer, verlege ein Stückchen Holz um einige Millimeter, und alles fängt an, in großen Flammen zu brennen. Ich lege ein Stück Holz genau an die richtige Stelle, so dass es sofort Feuer und Flamme ist – es hat alles mit dem Einstimmen, dem Innehalten und aus dem Nichtstun heraus zu handeln, wie in vielen Situationen im Leben, zu tun. Auch beobachte ich das Zusammenspiel von Luft, Wind und Feuer. Mir fällt auf, wie viele verschiedene Farben ein Feuer hervorbringen kann und wie viele unterschiedliche Hölzchen, Stöckchen, Zweiglein, Würzelchen, getrockneten Pflanzen und Gräser bis

hin zu riesigen Holzstücken es in dieser kargen Landschaft aus Sand, Steinen und Felsen gibt.
Ich habe keine Angst mehr vor dem Feuer, es wird selbstverständlich, damit umzugehen. Das Feuer wird zu meiner zweiten Natur – an die ich mich einfach wieder erinnere. Ich feiere Feuerrituale, verbrenne Altes, lasse los, übergebe vieles aus meinem Leben dem Feuer. Diese reinigende, transformierende Kraft des Feuers hat eine tiefe Wirkung. Feuer wird wieder Bestandteil meines Lebens. Ich erfahre die heilende Kraft des Feuers und werde zur Feuerfrau. Es ist eine Einweihung in das Element Feuer.

KAPITEL 8

Überschwemmung in der Wüste

Am 17. November, dem 37. Tag meines Aufenthaltes, wache ich kurz vor Sonnenaufgang aus einem Traum auf. Im Traum sitze ich mit mehreren Menschen zusammen und Sogyal Rinpoche, der tibetische Meister, sitzt an meiner linken Seite. Ich spüre seine Energie und im Traum bin ich sehr dankbar dafür, ihm so nahe sein zu dürfen. Ich erzähle ihm, dass ich in der Sinai-Wüste bin, und er nickt ganz interessiert und lächelt mir zu. Dann wache ich auf. Draußen blitzt und donnert es! Ich bin sofort hellwach!

Ohne nachzudenken stapele ich im Handumdrehen meine Sachen aufs Mauerchen, die Teppiche, den Schlafsack, meine Schuhe – und ziehe mich blitzschnell warm an. Ich hatte mich schon in der Höhle schlafen gelegt, weil sich am Abend vorher bereits viele Wolken am Himmel zeigten. Es hatte auch schon am Abend ein bisschen getröpfelt, und dabei entstand ein vollständiger Regenbogen. Es erschien mir wie ein Segen.

In der tibetischen Tradition haben Regenbögen eine große Bedeutung. Es bedeutet, dass ein Meister in seinem Regenbogenkörper in der Nähe ist. Wenn ein Meister stirbt oder eine besondere Praxis vollzogen wird, wird unter anderem immer nach dem Zeichen des Regenbogens Ausschau gehalten.

Dieses Tröpfeln aber war nichts im Vergleich zu dem, was jetzt morgens hier abgeht! Die Höhle, der ganze Berg, bebt bei jedem Donnerschlag. Es ist ein unglaublich kraftvolles Gefühl und es lädt mich ein, diese Kraft durch mich hindurch zu lassen und zu verkörpern. Ich mache Töne, tanze, tobe, nehme dieses gewaltige Naturereignis in mich auf. Ich werde zum Donner, zum Blitz und zum Regen!

Zuerst ist es noch weiter weg, und als ich nach draußen schaue, sehe ich, dass es näher und näher kommt, bis der Regen da ist. Es regnet über sieben Stunden!

Die Höhle wird überschwemmt. Von den Wänden stürzen Bäche wie Wasserfälle herunter, vor allem an meiner Kochstelle am Eingang der Höhle, aber auch drinnen. Mit meinem großen Kochlöffel – Gott sei Dank, dass ich den dabei habe – grabe ich Furchen in die Erde, damit das Wasser abfließen kann. Auch draußen muss ich das Wasser kanalisieren, denn sonst würde die Höhle überflutet werden! Zum Glück habe ich schon vorher genügend Kerzen, Streichhölzer und Holz mit in die Höhle genommen. Sie sind halbwegs trocken und lassen sich anzünden.

Die Höhle liegt an einer günstigen Stelle, etwas höher, so dass ich das Wasser gut daran vorbeileiten kann. Beim Graben erfüllt mich eine ungeahnte Kraft – es gießt, ich werde nass, merke es aber kaum und grabe wie eine Wilde! Keine Müdigkeit, keine Schmerzen in den Händen, keine Gedanken. Es wird Mittag. Es regnet immer noch. Das Wasser fließt durch die Höhle, und ich bekomme Hunger. Schon vorher habe ich zum Frühstück Tee gekocht – meine Feuerstelle ist jetzt der meist behütete Platz in der Höhle, ich klebe Sand an die Steine, um sie, so gut es geht, vor dem Wasser zu schützen.

Den Tee genieße ich wie Nektar, mitten in den Fluten. Welch ein Erlebnis, mitten in dem tosenden Gewitter weit weg von der bewohnten Welt, einfach ganz alleine in der Wüste zu sitzen und Tee zu trinken! Ein Meister hat mal gesagt: „Wenn die Welt um Dich herum zusammenbricht, genieße Deine Tasse Tee!". Genau dieses kann ich hier üben. Ich lasse dieses Bild zutiefst in meine Zellen herein – wer weiß, vielleicht gibt es irgendwann in meinem Leben eine Situation, in welcher es gut ist, dieses wieder abrufen zu können!

Es gibt eine Stelle in der Höhle, die etwas höher liegt, vielleicht 30 Zentimeter breit, 20 Zentimeter tief. Dort lege ich einen großen Stein hin, auf welchem ich sitzen kann. Vor dem Stein ist eine trockene Stelle, genau groß genug, um auch meine Füße trocken zu beherbergen. Ich koche das köstlichste Mittagessen aller Zeiten: Kartoffeln und Zwiebeln, fein abgestimmt mit Curry! Es schmeckt wie ein Geschenk des Himmels. Gegen Abend gibt es einen Moment Regenpause, und ich kann hinausgehen. Wieder gibt es einen vollständigen Regenbogen. Wie mich das berührt und freut!

Es dauert nicht lange, und es regnet wieder. Größere Bäche fließen schon an meiner Höhle vorbei. Es wird dunkel. Ich mache Feuer. Ich weiß nicht, was die Nacht bringen wird …! Und dann geht es los: Draußen tobt ein reißender Fluss! Es hört sich wie der Niagara Wasserfall kurz vor dem Absturz an. Sehen kann ich nichts, nur hören und ahnen, was da draußen los ist. Es geht über mindestens drei Stunden mit gleich bleibender Wucht. Dann wird es ruhiger. Nun sind nur noch die Bäche und Wasserfälle zu hören, die von den Bergen stürzen. Welch ein ungewöhnlicher Klang in der sonst so stillen und

trockenen Wüste! Auch in der Nähe von meinem Zeltchen ist ein Gebirgsbach entstanden.
Der Regen hört auf, und in die Höhle fließt nichts mehr. Ich habe einen leeren Holzkohlensack, schneide ihn auf und lege meine Teppiche und den Schlafsack darauf. Zum Schlafen bin ich erst einmal zu wach, aber der Körper ist müde und ich muss mich hinlegen. Irgendwann schlafe ich ein.
Am nächsten Morgen wache ich sehr früh auf und sehe was gewesen ist! Die ganze Wüste, das Tal war über die ganze Breite zum Fluss geworden, der jetzt wieder trocken liegt. Es sind wunderschöne Muster im Sand entstanden. Alles ist vollkommen sauber, klar, jüngferlich. Die Stille ist absolut. Stiller als je zuvor, scheint mir.
In der Ecke bei meinem Zelt, an der kurz zuvor noch die gewaltigen Wasserströme vorbei tobten, entdecke ich einen Stein, der so geformt ist, dass er Wasser hält. Das Wasser ist eiskalt und sehr weich. Daneben stehen stark duftende Pflanzen, darüber ist der steile Bachlauf, jetzt wieder trocken, mit Steinen und weiteren stark duftenden Gewürzsträuchern aller Art. Es ist, als hätte ich einen Jungbrunnen entdeckt.
Der Beduine, der mich hierher gebracht hat, erwähnte einmal, dass es so einen Regen zum letzten Mal etwa vor 25 Jahren in dieser Gegend gegeben hat, einen solch tobenden Fluss, der alles mitreißt. Die Beduinen sind immer sehr dankbar für solch himmlisches Wasser, denn außer in seltenen ganz tiefen Quellen gibt es kein Wasser in der Wüste. Weiter im Norden des Sinai, in höhere Lagen, haben die Beduinen vor vielen Jahrzehnten schon riesige Höhlen in den Felsen gehauen, wo das Wasser von diesen Fluten hingelenkt und aufgefangen wird.
Ich beschließe, ein Jungbrunnen-Ritual zu feiern. Ich hole eine abgeschnittene Mineralwasserflasche, ziehe mich aus und übergieße mich mit dem eiskalten, frischen Wasser. Es ist unglaublich! Ich lasse Freudenschreie, Jauchzen, Jubeln, Toben und Kichern aus mir raus!
Dann, mitten in meinem Ritual, kommt von weitem ein Auto angefahren. Zu Fuß hätte man 8 Stunden gebraucht, hierhin zu gelangen. Das Auto fährt weiter – sie haben mich nicht gesehen - und ich verfolge mein Ritual. Nach fünf Minuten erklingt wildes Hupen! Nun trockne ich mich ab, ziehe mich an und gehe um die Ecke zur Höhle. Es ist der Beduine, der mich hierher geführt hat. Bald darauf kommt auch ein Freund von ihm angelaufen und ein Taxi (!) mit einer verschleierten Beduinenfrau, einem Kind und der Taxifah-

rer kommt hinter ihnen hergefahren. Das viele Wasser macht die Wüste für ein ganz normales Taxi befahrbar – vorausgesetzt, der Fahrer ist Beduine und hat das Fahren im Sand „im Blut".
Ich begrüße jeden, schüttele Hände. Alle sind nun ausgestiegen und schauen sich die Höhle an. Einer meint: „Zehn Tage, okay, aber vierzig! …" Der Beduine fragt, ob ich mitkomme, aber mein erster Impuls ist: „Nein, ich breche nicht ab – vierzig Tage sind vierzig Tage - komme was wolle!" Der Beduine meint, es könnte noch einmal Regen geben, aber das ist für mich kein Problem, denn jetzt weiß ich, wie es geht!
Bevor sie wegfahren, gibt der Taxifahrer mir eine Frucht, die so nur in der Wüste wächst, eine scharfe Frucht, nach Senf schmeckend und Kerne hat, wie scharfe Pfefferkörner. Es ist ein schönes Symbol: Jetzt weiß ich, wo der Pfeffer wächst!

KAPITEL 9

Die letzten Tage von 40

Am späten Nachmittag gehe ich spazieren. Alles ist so sauber, so frisch, so klar, so schön, so jungfräulich. Alle Fußspuren, Autospuren, Kamelfußspuren, Kamelkötel und alles, was sonst herumliegt, ist weg. Der reißende Fluss umfasste die ganze Breite des Wüstentals und hat teilweise richtig viel Sand mitgerissen. Ich laufe durch ein Seitental bis zum höchsten Platz der Gegend und treffe dort die Kamelherden, die ganz alleine in der Wüste umherziehen. Welch ein Wunder, dass diese Tiere genau zur richten Zeit am richtigen Ort waren. Sie haben eben keine Gedanken, wie wir, die sie daran gehindert hätten!

Am Abend mache ich wieder Feuer in der Höhle. Weil ich aber jetzt doch sehr müde bin, lege ich mich früh schlafen – draußen vor der Höhle, auf dem Kohlesack und den Teppichen.

Morgens wache ich wieder früh auf. Es tröpfelt. Mit Sack und Pack gehe ich ganz schnell in die Höhle. Geht es nochmal los? Gott sei Dank dauert es nur kurz, diesmal. Ich frühstücke und möchte nur einmal im Süden um die Ecke schauen, mal sehen, wie es dort nach dem Regen aussieht. Dort angekommen, möchte ich um die nächste Ecke schauen und um die nächste ... So laufe ich, von einer Stelle zur nächsten und zur nächsten und zur nächsten.

Ich komme zu Plätzen, an denen früher Beduinenzelte standen, und stelle fest, dass diese Zelte immer an einem Platz aufgestellt wurden, an dem das Wasser vorbeigetobt sein muss. So, wie es bei meinem kleinen Iglu-Zelt der Fall ist, das ich wohl intuitiv an der richtigen Stelle aufgebaut habe. Auf der anderen Seite des Tals hat es auch Beduinen-Niederlassungen gegeben – auch hier müssen die Beduinenzelte von den Sintfluten verschont geblieben sein. Dies ist wieder ein Bild das ich mir merke.

Die Sonne kommt und mir wird sehr heiß, also ziehe ich mir oben herum die Kleidung aus. Keine zwei Minuten später kommt von weitem erneut ein Auto, so dass ich schnell mein T-Shirt wieder überziehe. Als es näher kommt, sehe ich, dass darin ein Mann und seine zwei Söhne, etwa 13 oder 14 Jahre alt, sitzen. Er hält an und weiß schon Bescheid – er sagt mir den Namen des

Beduinen, der mich hierher geführt hat. Er kommt nach seinen Kamelen schauen. Die zwei Jungs schauen ganz offen, erstaunt und belustigt, und ich denke, dass sie vielleicht ihren Freunden erzählen werden „Wir haben sie gesehen!" – denn es wird sich jetzt wohl herumgesprochen haben, dass da oben in den Bergen eine Ausländerin ganz alleine sitzt und die Überschwemmung überlebt hat …

Ich liege auf einem Felsvorsprung über meiner Höhle, als ich den Impuls verspüre, aufzustehen. In diesem Moment sehe ich noch einmal von weitem das Auto vorbeifahren, jetzt in die andere Richtung. Sie sehen mich auch und hupen zweimal. Ich winke ihnen zu, und sie fahren weiter. Wieder bin ich alleine mit dem, was kommen will …

Den ganzen Tag lang ist mir leicht übel. Alles was draußen gewesen ist, ist auch *in* mir gewesen. Da muss sich einiges wieder zurechtfinden und der angefallene Müll muss beseitigt werden. Welch ein willkommener Zufall, dass dieser Regen und die reinigende Überschwemmung am Ende meines 40-tägigen Wüstenaufenthalts stattgefunden haben!

Am Nachmittag kommen wieder dicke Wolken. Ich habe aber Hunger und will kochen. Die Vernunft sagt: „Wenn dir übel ist, sollst du nur Reis essen". Etwas anderes sagt: „Ich habe totale Lust auf Bratkartoffeln mit Zwiebeln – deftig!" Die Vernunft sag: „Koche lieber drinnen, es kann sofort wieder anfangen zu regnen". Etwas anderes sagt: „Ich will draußen kochen!"

Ich koche draußen, Bratkartoffeln mit Zwiebeln. Das Essen ist in dem Moment fertig, als die ersten Regentropfen fallen – nicht lange, dann ist es wieder trocken. Es schmeckt herrlich und macht mir überhaupt keine Probleme. Also lerne ich wieder zweierlei: Nur im Moment zu leben – es hätte während des Kochens losregnen können – und das zu tun, was sich mir gefühlsmäßig, jenseits der Vernunft, als richtig erscheint. Auch das merke ich mir.

Am Abend mache ich wieder Feuer, lege mich draußen schlafen, schlafe ganz schnell ein, wache wieder auf und sehe, dass es wieder Wolken am Himmel gibt und zum ersten Mal, während dieser ganzen Zeit, lege ich mich ins Zelt – ich bin zu erschöpft, um das Ganze noch einmal mitzumachen. Ich lasse alles los. Komme was wolle. Soll die Höhle überflutet werden, wird sie überflutet. Ich brauche Schlaf.

Ich schlafe wie ein Murmeltier, wache wieder bei Tagesanbruch auf und krieche aus dem Zelt. Es ist ganz muffelig da drinnen. Das bin ich gar nicht mehr gewohnt! Ich bereite das Frühstück vor und spüre plötzlich den Im-

puls, ein Stück zu laufen und mich mitten ins Tal zu stellen, dort in der Mitte, wo auch nach beiden Seiten Täler abgehen. Ich spüre, es ist wieder Ritualzeit. Ich bedanke mich bei den Kräften der vier Himmelsrichtungen, und plötzlich kommen unglaublich laute und kraftvolle Freudenschreie aus mir heraus, mehrere lange Atemzüge lang. Sie sind nicht aufzuhalten. Es hallt gewaltig in den Bergen. Die Schreie sind wie die eines Babys nach der Geburt. Nur etwas kraftvoller diesmal! Es passt dazu, dass im Herbst und im Frühjahr hunderte von Störchen laut schnatternd in ihren Formationen über den Sinai fliegen!
Heute ist mein letzter Tag. Alles ist perfekt. Alles ist rund. Mein Lampenfieber von vorher kann ich jetzt gut verstehen, ich „ahnte" wohl schon, was da kommen wird. Seit gestern trage ich ein Tuch voller bunter Schmetterlinge, das mir eine Freundin einmal geschenkt hat, um die Hüfte, und immer wieder ist ein echter bunter Schmetterling um mich herum. Ich bedanke mich bei ihm dafür, dass er sich zeigt!
Alles fühlt sich ganz neu an, und ich weiß noch nicht, was es genau ist, aber auch ganz tief in mir drin hat etwas Gewaltiges stattgefunden, etwas, was der Verstand – zum Glück – noch nicht in Worte fassen kann. Ich fühle mich jetzt so tief mit meinem SELBST verbunden, wie noch nie. Ich höre meine innere Stimme. Manchmal in Sätzen, manchmal durch Impulse im Körper. Ich stehe zum Beispiel auf (wie gestern, als das Auto vorbeifuhr) oder gehe irgendwohin, ohne zu wissen, warum, und dann gibt es einen „Aha-Moment", so wie heute morgen, als ich in die Mitte des Tals ging und den spontanen Kraftausbruch erlebte.
Es fühlt sich neu und schön an. Wenn „ich" mir aus dem Weg gehe, vor allem mit dem Verstand, der plant, der weiß, der kommentiert, und den Mut habe, „unvernünftig" diesen Impulsen zu folgen und zu vertrauen, *bin* ich. Daran will ich mich erinnern. Jeden Tag. Jede Stunde. Jede Minute. Jeden Moment. That´s it! Zum Wohle aller Beteiligten und weit darüber hinaus!

KAPITEL 10

Gruppen in den Sinai

Nach diesen ersten Aufenthalten ganz alleine komme ich immer wieder in den Sinai, bis Teilnehmer meiner Seminare in Europa mich bitten, doch mal eine Wüstenreise für sie zu organisieren. So findet Ostern 1994 zum ersten Mal die Reise „Stille & Einfach Sein“ statt – mit Hilfe des Beduinen, welcher mich das allererste Mal 21 Tage alleine in die Wüste gebracht hat. Als er stirbt, taucht ein jüngerer Cousin auf. Mit ihm führe ich nun immer wieder Reisen in den Sinai durch. Ich entwickle eine Reise, welche den Teilnehmern die Möglichkeit gibt, viel Zeit mit sich alleine in der Wüste zu verbringen.
Ich lasse ein Beduinenzelt tief in die Wüste bringen und aufbauen und wir bleiben an diesem Platz. Morgens gibt es eine gemeinsame Meditation, ich leite Übungen aus der Körper-, Atem- und Energiearbeit an, oder auch Trancereisen und Visualisationen, die uns inspirieren, offen zu werden und uns zutiefst auf die Stille der Wüste einzulassen – unser Urvertrauen wieder zu finden und unsere Verletzungen zu heilen. Nach dem gemeinsamen Frühstück im Beduinenzelt gehen die Teilnehmer alleine ihre Wege und suchen sich einen Kraftplatz für den Tag. Manche Menschen laufen den ganzen Tag herum, andere setzen oder legen sich einfach an eine Stelle hin und entspannen sich.
Einmal ist ein frisch pensionierter Statistiker unter den Gästen. Tag für Tag sehe ich ihn herumlaufen. Kein Platz im Tal wird ausgelassen. Er klettert auf alle Berge, läuft in alle Seitentäler hinein, läuft und läuft und läuft und … macht Statistiken. Er misst alles, was es zu vermessen gibt, aus: Höhe, Luftfeuchtigkeit, Temperatur, Härte des Gesteins. Äußerst professionell stellt er alle möglichen Listen zusammen. Die Macht der Gewohnheit.
Am letzten Tag in der Wüste setzt er sich einfach unter einem Baum und tut nichts. Er misst nichts aus, schreibt nichts auf, ist einfach nur da. Da fällt der Groschen! Die Erkenntnis, dass es gar nichts zu tun gibt, lässt ihm seine unaufhörliche Betriebsamkeit erkennen. Irgendwann, einige Jahre später, treffe ich ihn noch mal in einer Großstadt in Deutschland und strahlend erzählt er mir, dass diese Erkenntnis das größte Geschenk seines Lebens war und dass

es ihm gelehrt hat, seine Pensionierung optimal zu gestalten und zu genießen.
Während einer anderen Reise gibt es wieder ein intensives Erlebnis. Diesmal bin ich es, die ihr blaues Wunder erlebt. Meine Gäste weise ich immer darauf hin, wie bröckelig und porös die Berge und Steine in der Wüste – durch die extremen Temperaturunterschiede – sind. Es braucht manchmal nur eine Kleinigkeit, um einen riesigen Fels abbrechen zu lassen. Ich konnte es am eigenen Leibe erleben, als ich ein Jahr nach der Sintflut wieder alleine in der Wüste war und ein Erdbeben von 6,5 auf der Richterskala erlebte. Tausende Steine und Steinchen fielen von den Bergen herab und stürzten ins Tal!
Als ich nun in einem Seitental auf dem Boden liege und an die steile hohe Felswand hinaufblicke, sehe ich ganz oben eine Gestalt herumtoben. Mein erster Gedanke ist, dass es der Beduine ist, der seine fünf Minuten hat, in welchen er sich einfach mal austoben muss. Das passiert öfters mal. Er ist ein Naturbursche und manchmal ist es ihm einfach zu viel, sich zivilisiert und ruhig zu benehmen, so wie ich es halt bei meinen Gruppen brauche, die manchmal eine sehr tiefe Selbsterfahrung machen.
Was er da macht ist lebensgefährlich. Wir sind tief in der Wüste und es wäre eine Katastrophe, wenn er hier abstürzen würde! Ich spüre, wie mein Herz wild schlägt und merke, wie tausende Angstgedanken mir durch den Kopf gehen. Ich vertraue halt darauf, dass der Beduine weiß was er tut – wundere mich allerdings, dass er sich dieser Gefahr aussetzt.
Als er weiter nach unten kommt, erkenne ich, dass es gar nicht der Beduine ist, sondern einer meiner Teilnehmer! Mich trifft der Schlag! Mir gehen noch mal tausende Gedanken durch den Kopf! Was passiert, wenn er abstürzt!? Wie können wir ihn dann von da oben retten und mit gebrochenen Knochen nach unten holen? Ich nehme wahr und wundere mich selber darüber, welche Gedanken in einem solchen Moment auftauchen. Es sieht fast so aus, als ob sich dieser Mann gar nicht bewusst ist, in welche Gefahr er sich begibt – als ob er sich einfach ein Film anguckt und sich den weit reichenden Folgen eines Absturzes gar nicht bewusst ist … Mit seinem Leder Cowboyhut und seinem Teppich, locker über die Schulter gelegt, sieht er aus wie in einem Wild West Film, ungesichert in der Steilwand. Als er endlich unten ankommt, tobe ich wie ein Donnerwetter und weise ihn zurecht.
Ab sofort lasse ich die ganze Gruppe unterschreiben, dass jeder die Verantwortung für sich und seine Handlungen übernimmt. Ich kann nicht meine

Existenz und mein Leben in Ägypten aufs Spiel setzen, nur weil jemand seine Abenteuerlust ohne Rücksicht auf Verluste austoben will. Das ist nicht der Gedanke der hinter meinen Reisen steht.
Der Gedanke, der hinter meinen Reisen steht, ist, den Menschen die Möglichkeit zu geben, tief nach Innen zu gehen und eine heilsame Erfahrung mit sich, der Stille, den Urkräften und der Wüste zu machen – in Respekt und Achtung für sich, für mich, für die Beduinen und für alle Teilnehmer der Reise.

KAPITEL 11

Dünnhäutig und empfindsam im Neuland

Es ist eine große Herausforderung für mich, die Wüste mit Gruppen zu teilen. Im Laufe der Zeit bin ich sehr dünnhäutig und empfindsam geworden – das haben die Wüste und die vielen Alleingänge in dieser Stille mit mir gemacht. Sobald ich in der Wüste ankomme, habe ich keine Grenzen mehr – alles findet *in mir* statt. Der übliche Panzer, womit wir in der normalen Welt überleben können und uns schützen, ist sehr bröckelig geworden und existiert teilweise nicht mehr von alleine.

Ich betrete Neuland indem ich herausfinden will, wie ich so offen und so weich sein kann, wie eine Frau die ihrem Geliebten begegnet – so fühle ich mich, sobald ich in der Wüste bin – und gleichzeitig eine Gruppe leite. Eine Erfahrung in der Stille der Wüste ist so unendlich kostbar und heilsam, dass ich sie unbedingt weitergeben will. Aber wie geht das, ohne in eine Rolle zu schlüpfen?

Schritt für Schritt taste ich mich heran. Es gibt kein Patentrezept. Immer wieder neu probiere ich aus, wie ich mich in meiner neuen und so empfindlichen Haut schützen und gleichzeitig offen sein kann. Manchmal fühle ich mich ohnmächtig, wenn ich nicht vermitteln kann, welche Kostbarkeiten in der Stille der Wüste erfahren werden können, indem man sich auf sich und auf die Stille einlässt.

Auch die Beduinen muss ich trainieren. Denn sie denken wiederum, dass wenn die Teilnehmer einer Gruppe immer stiller werden, die Menschen traurig und depressiv sind. Je stiller die Gruppe, desto lauter werden die Beduinen … Sie versuchen durch Spielchen, Witze und Tricks die Gruppe aufzuheitern.

Es ist ein Balance-Akt zwischen den Welten. Ich setze mir ein hohes Ziel: Ich möchte Menschen aus Europa die Möglichkeit geben, die heilende Kraft der Wüste am eigenen Leib und Geist zu erfahren und muss dabei zwei extrem unterschiedlichen Kulturen, die so verschieden sind wie Tag und Nacht, zu-

sammen bringen. Sachen, die für uns Europäer vollkommen klar und eindeutig sind, gibt es in der Beduinenwelt einfach nicht.
Ich möchte keine Abenteuerurlaube durchführen, sondern gemeinsam ein Stück Lebensweg in einer Landschaft miteinander teilen, die sonst sehr unzugänglich, dafür aber um so kraftvoller ist und wo ich einfach schon einige Schritte vorausgegangen bin. Es ist der Weg der Hingabe, nicht der Weg des Eroberns. Ich möchte nicht in einer Rolle der „Reiseleiterin" schlüpfen, sondern als Mensch da sein. In Respekt und Achtung für- und miteinander.
Der folgende Text vom Dalai Lama gibt mir immer wieder die Kraft, die ich brauche, um weiter zu machen:

Never Give Up
No matter what is going on
Never give up.
Develop the heart.
Too much energy in your country
Is spent developing the mind
Instead of the heart.
Develop the heart.
Be compassionate.
Work for peace
In your heart and in the world.
Work for peace.
And I say again:
Never give up.
No matter what is happening
No matter what is going on around you
Never give up

Gebe niemals auf
Was immer passiert
gebe niemals auf.
Entwickle das Herz.
Zuviel Energie in deinem Land
wird dafür eingesetzt, den Verstand zu entwickeln,
anstatt des Herzens.

Entwickle das Herz.
Habe Mitgefühl.
Arbeite für den Frieden
in Deinem Herzen und in der Welt.
Arbeite für den Frieden.
Und ich sage wieder:
Gebe niemals auf.
Was immer passiert.
Was immer um Dich herum passiert
gebe niemals auf.

(H.H. the XIV th Dalai Lama)

KAPITEL 12

Einige Sitten der Beduinen

Nach etwa einem Jahr der Zusammenarbeit verliebt sich der Beduine während einer Reise in eine Teilnehmerin. Ich finde es ganz süß, dieses verliebte Paar dabei zu haben. Bei der nächsten Reise verliebt er sich in eine andere Teilnehmerin, da bin ich etwas erstaunt darüber, wie schnell er die Geliebte von der vorigen Reise vergessen hat. Bei der nachfolgenden Reise hat er wieder eine neue Geliebte ... Er scheint sich auszutoben wie ein junger Hund. Dabei hat er schon zwei Ehefrauen.

Ein Beduinenmann kann bis zu vier Frauen gleichzeitig haben. Allerdings muss er sie alle offiziell heiraten und einen eigenen Hausstand einrichten. Auch muss er jede Frau gleich behandeln und gleich viel Zeit mit jeder von ihnen verbringen.

In der Welt der Beduinen ist es so, dass heiratswillige Männer und Frauen sich nie und nimmer alleine treffen dürfen – erst recht dürfen sie sich nicht berühren. Es muss immer mindestens eine zweite Person anwesend sein. Es sind hohe Bestrafungen für diejenigen vorgesehen, die sich nicht daran halten. Es könnte sogar Familien- und Stammeskriege auslösen.

Will ein junger Mann heiraten, so wird meistens erst im Familienkreis besprochen, welche Kusine eine gute Partie wäre. Sehr oft sind die Eltern der zukünftigen Brautleute direkte Geschwister. Die unter den Beduinen in der Wüste oft vorkommende Erbkrankheit ist – das Universum hat kosmischerweise sehr viel Humor – Taubstummheit. Die erste Frau scheint die „Pflichtfrau“ zu sein. Später, wenn die Frau mehrere Kinder geboren hat, sucht er sich unabhängig von seiner Familie, wenn er dazu finanziell in der Lage ist, weitere Frauen aus.

Der junge Mann muss dann mit dem Vater der Braut verhandeln. Er muss ihr Goldschmuck kaufen, meistens eine große Anzahl von Armreifen. Über die Menge und den Preis wird zwischen dem Bräutigam und dem Vater verhandelt. Dann muss er ein Haus bauen oder ein Beduinenzelt haben, welches er komplett einrichten soll. Die Frau hat bei der Wahl der Einrichtung nichts zu sagen. Das ist Männersache.

Sehr oft helfen Brüder einer Familie sich gegenseitig in den Stand der Verheirateten. Zuerst helfen alle zusammen dem Ältesten, dann dem Zweiten, dem Dritten, und so weiter. In ganz seltenen Fällen kommt es vor, dass ein junger Mann seine erste Braut nicht aus der eigenen Familie wählt. Wer es wagt, sich sogar jenseits des eigenen Stammes eine Frau zu suchen, läuft Gefahr, sich sehr viel Ärger an den Hals zu holen.

Eine Hochzeit ist ein Muss im Leben eines Beduinen. Kurz vor dem Fest, zu welchem zumindest die Familien, die Stammesmitglieder aus dem eigenen Dorf und aus der näheren Umgebung eingeladen werden müssen, geht der Bräutigam von Familie zu Familie um eine Einladung auszusprechen. Dabei muss er Ort und Datum des Festes bekannt geben.

Meistens wird ein riesiges Fest gefeiert. Die Familien stellen an einem Platz irgendwo in der Wüste ihre Beduinenzelte auf und auch die geladenen Gäste stellen ihre eigenen Zelte mit dazu. Jede Gastfamilie spendiert einen Hammel oder eine Ziege, die am Nachmittag des Hochzeitsfestes geschlachtet wird. Nachdem das Fleisch gegessen wurde, natürlich mit Männern und Frauen in getrennten Zelten, findet am Abend, wenn es dunkel ist, das Tanzen und Singen, wie beim jährlichen Stammesfest, statt. Die Männer stellen sich in mehreren langen Reihen auf und die Frauen setzen sich davor, schwer verschleiert in ihren schwarzen Mänteln. Die Männergruppen singen und klatschen und die Frauen tanzen, eine nach der anderen, vor den Männern.

Während der Feierlichkeiten sitzt die Braut in einer Art kleinem Innenzelt aus Gaze, unsichtbar für alle außerhalb des Zeltes ihres Vaters, und *hört* nur was da draußen passiert. Sie sieht es nicht und wird nicht gesehen. Irgendwann im Laufe des Abends wird sie dann von ihrem Bräutigam abgeholt und in die neue Wohnung oder in das neue Zelt geführt – wo sie das erste Mal alleine zu zweit sind. Das die Braut Jungfrau ist, ist ein Muss, bei der ersten Hochzeit.

Während der ersten Woche müssen die Brautleute rund um die Uhr zusammen sein und in ihrem Haus oder Zelt bleiben. Sie bekommen jeden Tag viele Besucher, die noch einmal gratulieren kommen. Dabei empfängt der Mann die Gäste, die Frau kann zum ersten Mal ihre Rolle in der Küche ausüben. Da sich das neue Zuhause meistens direkt neben dem Zuhause der Eltern – meistens der Eltern des Mannes – befindet, stehen alle unverheirateten Schwestern und die Mutter des Mannes der Braut in der Küche hilfreich zur Seite.

KAPITEL 13

Zwei Welten in denen ich lebe

Die Beduinen haben ein internes Gesetz, nach welchem man einem mehr oder weniger „gehört“, wenn er einen in die Wüste führt. Die eigenen Gesetze der Beduinen sind sehr streng und werden mit erheblichen Strafen aufrechterhalten.

Es sind Überlebenskünstler die nur das machen, was in dem unmittelbaren Moment dran ist. Wie der Wind. Wie das Feuer. Wie ihre Tiere, wenn man sie lassen würde.

Eines Tages, ich bin gerade mit einer Gruppe in der Wüste, kommt ein junger Beduine, welchen ich noch nie gesehen habe, zu Besuch. Dadurch, dass er etwas englisch spricht und übersetzt, kann ich mich mit ihm unterhalten. Bevor er wieder geht erzählt er mir, sein Vater sei auch Scheich in einer ganz anderen Ecke vom Sinai, wo noch kaum Tourismus ist und ich solle doch mal bei ihnen vorbeischauen.

Es ist die Periode meines Lebens, in welcher ich immer wieder eine Reise begleite, anschließend noch zwei Wochen im Sinai bleibe und danach wieder nach Europa zurückfliege. Bis es mir zuviel wird, immer zwischen zwei Welten hin und her zu pendeln, meine Seminare durchzuführen *und* Reisen in die Wüste zu organisieren. Außerdem wird es für mich zu teuer, immer wieder meine Flüge zu finanzieren *und* meine Miete in Europa zu bezahlen. Ich muss mich entscheiden: Entweder ziehe ich ganz in den Sinai und kündige meine Wohnung, oder ich muss mich wieder ganz in Europa niederlassen und einen Beruf mit regelmäßigem Einkommen ergreifen.

In diesem Moment bietet mir eine Freundin an, dass ich immer, wenn ich in Europa bin, in einem Zimmer schlafen und wohnen kann, was sie eigentlich nicht bewohnt und welches „übrig“ in ihrer Wohnung ist. Es ist die optimale Lösung. So kann ich weiterhin meine Sinaireisen durchführen und habe doch noch ein Bein in meiner alten Heimat.

KAPITEL 14

Regina

Seit einigen Jahren begleite ich nun schon Gruppen in die Wüste. Einige Reiseteilnehmer kommen mehrere Male. So auch Regina. Ihr Trauma ist, dass ihre Mutter versucht hat sie abzutreiben, als sie feststellte, dass sie schwanger war. Diese Tatsache belastet das Leben von Regina, wo immer wieder ähnliche Situationen auftauchen.
Sie fragt mich, ob ich bereit bin, eine Visionssuche anzubieten. Ich überlege eine Weile, denn ich bin mir nicht sicher, ob ich wirklich den Mut habe, Menschen ganze 4 Tage und Nächte mit sich und der Wüste alleine zu lassen. Wenn ich selber alleine in der Wüste bin, bin ich nur für mich verantwortlich. Wenn aber einem Teilnehmer während der Zeit etwas passiert, würde ich mich, trotz allem und trotz Entbindung aus der Haftpflicht von Seiten des Teilnehmers, verantwortlich fühlen.
Nach einiger Überlegung schreibe ich zum ersten Mal eine Visionssuche in der Wüste Sinai in der ersten Hälfte des nächsten Jahres aus. Regina meldet sich sofort an, nimmt Urlaub und bucht ihren Flug. Es kommen keine weiteren Anmeldungen mehr dazu. Ich entscheide mich dafür, trotzdem diese Reise nur mit ihr durchzuführen.
Wir gehen an den Platz, welchen wir schon bei vorherigen Reisen besucht haben. Ein weiter Kessel, mit einem großen Stein als Kraftplatz in der Mitte und viele Seitentäler, die davon abgehen. Erstaunlicherweise haben wir beide das gleiche Tal für Reginas viertägigen Aufenthalt ins Auge gefasst. An dem Tag, an welchen sie sich für vier Tage und Nächte alleine zurückzieht, begleitete ich sie da hin.
Als wir am Anfang des Tales ankommen, liegt dort die vertrocknete Fruchtblase eines neugeborenen Kamelbabys. Ein paar Meter weiter liegt eine Schlingpflanze mit einer halb reifen Frucht. Nur wenig davon entfernt liegt das Gerippe des toten Kamelbabys. Wir halten inne und setzen uns schweigend da nieder. Es vergeht eine zeitlose Zeit in einem Raum jenseits der „normalen“ Wirklichkeit, bis Regina sagt: „Ja, Sabera, ich gehe da hin. Es ist mein Platz und ich habe den Mut mir anzusehen, was es zu bedeuten hat“.

Ich begleite sie noch ein Stück weiter in das Tal hinein, bis wir einen Baum finden, unter welchem ganz viel Holz liegt. Dies ist der Platz, wo sie ihr kleines Zeltchen aufbauen wird und bleibt. Wir vereinbaren, dass ich nach vier Nächten um 12.00 Uhr Mittags am Eingang des Tales auf sie warten werde um sie abzuholen. Ich wünsche ihr viel Glück, Schutz und Segen und wir verabschieden uns.
Ich laufe zurück zu meinem Platz und verbringe die nächsten Tage dort. Am Abend, bevor ich Regina treffe und abhole, sehe ich eine hochschwangere Kamelstute in Richtung ihres Tales laufen. Am nächsten Tag gehe ich, wie vereinbart, zum Eingang des Tales um auf sie zu warten. Nicht weit von diesem Platz entfernt entdecke ich die Kamelstute. Ihr Baby ist wohl gerade geboren, es liegt auf dem Boden zu ihren Füßen. In dem Moment, als Regina aus ihrem Tal heraus kommt, versucht das kleine Kamelbaby hoch zu krabbeln um auf den eigenen dünnen zittrigen Beinchen zu stehen.
Wieder setzen wir uns schweigend zusammen hin. Wieder ist dieser zeitlose Raum des Verstehens ohne Worte da. Ein heiliger Moment, wo einfach alles an seinem Platz fällt und grenzenlose Ausdehnung geschieht. Wir bekommen einen Einblick und eine Einweihung in die endlose Weisheit des Universums. Right time, right place. Zur richtigen Zeit, am richtigen Ort.
Wir wollen nicht zur Kamelstute und ihrem Baby hingehen, damit wir sie nicht stören. Wir nehmen aber sehr an, dass es sich um ein kleines Kamelmädchen handelt. Wir nennen es „Regina“.
Irgendwann berichtet mir Regina, als sie schon längst wieder in Deutschland ist, dass sich in ihrem Leben vieles verändert hat. Sie hat ihren Weg gefunden, kann nun zu sich stehen und die immer wiederkehrenden Nachwirkungen der Abtreibung, die sie früher immer erfahren hat, sind nie mehr aufgetaucht.

KAPITEL 15

Flug verpasst – Hüter der Schwelle

Eine neue Reise in die Wüste steht bevor. Eine kleine Gruppe hat sich zusammen gefunden und wir werden gemeinsam von Frankfurt nach Ägypten fliegen. Da es im Sinai noch keinen Flughafen gibt, fliegen wir aufs Festland, nach Hurghada. Von dort werden wir am nächsten Tag mit einer kleinen Fähre in sechs Stunden zur Sinai Halbinsel übersetzen. So, wie ich es bisher alleine und mit den anderen Gruppen gemacht habe.
Wir treffen uns auf dem Frankfurter Flughafen. Schon längst eingecheckt warten wir darauf an Bord gehen zu können, als bekannt gegeben wird, dass sich der Abflug um sechs Stunden verzögern wird.
Nach etwa zwei Stunden kommt die Nachricht, dass das Flugzeug nun doch schon zum Einsteigen bereit ist. Aber: Es fehlen vier Teilnehmer meiner Gruppe! Wir, die da sind, steigen ein. Die anderen vier Gäste fehlen immer noch als das Flugzeug startet! Da ich davon ausgegangen bin, dass wir zusammen fliegen werden, habe ich nicht mal mitgeteilt, wie das kleine Hotel heißt, wo wir die erste Nacht verbringen werden.
Nachdem wir in Hurghada gelandet sind, beauftrage ich einen Mitarbeiter des Reisebüros, mit welchem ich dort zusammen arbeite, an den Flughafen zu gehen und jeden aus Frankfurt kommenden Flug mit einem Schild, mit den Namen der fehlenden Gäste, abzuwarten. Es kommen einige Flüge aus Frankfurt an, aber die Teilnehmer sind nicht dabei! Es wird Abend und sie sind immer noch nicht angekommen. Mir wird erzählt, dass in den nächsten Stunden keine Flüge aus Frankfurt erwartet werden. Ich lege mich schlafen.
Gegen Morgen wache ich auf. Die Dämmerung kündigt sich an und es sind noch Sterne am Himmel. Ich verspüre den Impuls, an den Flughafen zu gehen. Ich stehe auf, gehe die Treppe hinunter. Der Nachtportier schläft. Ich öffne die Tür und gehe aus dem Hotel hinaus auf die Straße. In diesem Moment kommt ein Taxi angefahren. Ich steige ein und lasse mich zum Flughafen bringen. In dem Augenblick, als das Taxi vor der Ankunftshalle vorfährt, kommen meine vier Gäste zur Tür heraus!

Als wir im Hotel ankommen, sind dort inzwischen alle wieder wach und wir können uns direkt, nachdem die Gäste sich erfrischt haben, zum Frühstück hinsetzen. Die fast an einem Wunder grenzende Wiedervereinigung wird natürlich ganz ausgelassen und fröhlich gefeiert.
Dann kommt die Mitteilung, dass die Fähre einen Motorschaden hat und dass sie an diesem Tag nicht fahren wird. Ich möchte aber nicht warten bis die Fähre vielleicht erst nach Tagen wieder fahrtüchtig ist und so machen wir uns mit einem kurzfristig gecharterten Bus auf in Richtung Sinai. Der Weg führt an der Küste des Golfes von Suez entlang, zuerst etwa 500 Km bis zu der Stadt, die ihren Namen diesem türkisblauen Golf gegeben hat, und von dort unter dem Suezkanal hindurch in den Sinai. Nun liegen noch weitere knappe 500 Km vor uns, an der anderen Küste des Golfes von Suez entlang, bis nach Sharm el Sheikh.
Sind es die Hüter der Schwelle, die uns so auf die Probe gestellt haben? Sind es unsere eigenen Ängste, die uns davon abhalten, uns dieser weiten, stillen Wüste einfach anzuvertrauen? Will unser Ego uns daran hindern, das Wissen, die Kraft und Transformation der Wüste, das Wachsen, die Ausdehnung, unser Vertrauen in das Große Ganze wieder zu finden? Warum haben wir uns so viele „Komplikationen“ kreiert? Jetzt, wo wir einmal „durch“ sind, verläuft unsere weitere Reise reibungslos. Es ist eine sehr besondere Reise, die uns allen viel Humor, Geduld und Einsichten bringt.
Einige Monate später werde ich wieder mit den Hütern der Schwelle einer Teilnehmerin konfrontiert. Diesmal kommt meine Gruppe alleine aus Deutschland geflogen und ich stehe am Flughafen und warte auf die Gäste. Alle Teilnehmer sind schon vor dem Flughafengebäude mit mir zusammen getroffen, bis auf eine Frau. Der ägyptische Reiseleiter teilt mir mit, dass meine Teilnehmerin zwar schon angekommen ist, sie aber nicht in Ägypten einreisen darf, da sie nicht ihren Reisepass, sondern ihren deutschen Personalausweis dabei hat. Die Grenzbeamten wollen sie unter keinen Umständen einreisen lassen. Das, obwohl ich ganz eindeutig und klar in meinen Unterlagen geschrieben habe, dass bei der Einreise nach Ägypten der *Reisepass* noch 6 Monate gültig sein muss.
Nach vielem hin und her und Geldscheinen die den Besitzer wechseln, erreichen wir, dass sie eine Aufenthaltserlaubnis für 24 Stunden bekommt. In diesem Zeitraum soll sie zur Deutschen Botschaft nach Kairo fahren und sich einen vorläufigen Reisepass besorgen. Die Teilnehmerin will am liebsten di-

rekt mit dem gleichen Flieger zurück nach Deutschland fliegen. Sie hat Angst vor dieser ganzen Prozedur. Ich organisiere für sie, dass sie mit einem Touristenbus mit Reiseleiter, welcher sie in Kairo zur Botschaft begleiten wird und sie nachher auf den Bus nach Sharm el Sheikh setzt, mitfahren kann. Sie will doch in die Wüste! Ich rede so lange auf sie ein, bis sie den Mut hat, sich auf dieses Abenteuer einzulassen.
Während sie nach Kairo fährt, fahren die anderen Reiseteilnehmer und ich mit dem Schiff übers Rote Meer in Richtung Sinai. Nach etwa fünf Stunden auf dem Meer werden die Berge der Halbinsel sichtbar. Majestätisch. Gewaltig. Immer wieder berührt mich dieser Anblick zutiefst. Den Teilnehmern geht es genau so. Wir spüren die Kraft dieser Landschaft, die schon seit ewigen Zeiten aufgeladen wurde. Aufgeladen mit den puren Energien der Erde, des Wassers, des Feuers und des Windes – unmittelbar ausgesetzt an die Kräfte der Sonne, des Mondes, der Planeten und der Sterne. Hier sehen wir die Ewigkeit des ganzen Universums, eingebettet in den tief blauen Himmel, berührt vom türkisblauen Wasser des Roten Meeres.
Am nächsten Morgen wache ich in der Morgendämmerung im Bambushüttencamp auf und möchte zur gemeinschaftlichen Toilette gehen. In dem Moment kommt „unsere verlorene Frau“ angelaufen. Sie ist mindestens einen Meter gewachsen! Strahlend umarmt sie mich! Sie hat es geschafft und ist durch eine erstaunliche Verwandlung gegangen. Als sie auf dem Flughafen ankam und mit dem erst besten Flieger zurück nach Deutschland fliegen wollte, hatte sie das Gefühl, sie würde es nie schaffen, es nicht können, sie wollte aufgeben. Als ich darauf beharrte, dass sie es wohl können würde und sie es sich zutraute, war etwas Unbeschreibliches passiert. Sie war über ihre eigene Begrenzung und den Glaubenssatz, es nicht zu können, hinausgegangen. Es hatte sich gelohnt!
An diesem Tag geht es gleich weiter. Die Beduinen holen uns ab und wir fahren in die Wüste hinein. Die Berge, die wir zuvor von weitem gesehen haben, sind nun ganz nah und greifbar. Hoch ragen sie auf beiden Seiten des Tals auf. Die Landschaft nimmt uns in den Schoß der Mutter Erde auf. Die tiefe Stille berührt uns. Nun sind wir zehn Tage und Nächte hier, machen Feuer, schlafen auf der Erde, sehen, wie die Sterne in der Nacht ihre Bahnen ziehen und die Bewegung des Ganzen und kommen nach einem langen Leben voller Leistung, Hektik und falschen Glaubenssätzen an. Es gibt nichts zu tun als *einfach zu sein.*

KAPITEL 16

Mein Vertrauen wächst

Die stetig wiederkehrenden Aufenthalte, ganz alleine und ohne Beduinen oder Gruppen in der tiefen Stille der Wüste, lassen mich immer tiefer entspannen. Es wird von alleine leichter, einfach abzuschalten und nur im Moment zu sein, so bald ich dort ankomme. Mein Vertrauen wächst. Hatte ich am Anfang noch Angst, nicht genügend Holz und Brennmaterial zu finden, so habe ich jetzt festgestellt, dass immer wieder genügend davon vorhanden ist.

Auch habe ich keine Angst vor Naturgewalten – ein Erdbeben und eine Überschwemmung habe ich erlebt und als Einweihungen empfunden. Stürme hat es gegeben und auch mit dem Wind habe ich mich angefreundet. Auf einer tiefen Zellebene erfahre ich, wie die Sonne immer wieder kommt und wieder untergeht, ganz bewusst begrüße ich sie Tag für Tag, lasse mich von ihr berühren und jeden Abend bedanke ich mich bei ihr für ihr Licht und für ihre Wärme. Dinge, die im hektischen Alltag selbstverständlich sind oder nicht mal bemerkt werden, bekommen in der Wüste, wo es nichts anderes zu tun gibt als *einfach nur zu sein*, eine ganz andere Größe und Bedeutung. Sie werden zum Ritual und die heilige Dimension des Sonnenauf- und Untergangs werden zu Toren des Bewusstseins.

Es sind diese heiligen Momente, die mich zutiefst berühren und aufweichen. Das immer wiederkehren der Sterne, Sternbilder und Planeten am Abend, ihr Lauf über den Himmel – und die ständige Bewegung des Ganzen mit einer absoluten Präzision, Selbstverständlichkeit und Zuverlässigkeit, heilen mein Urvertrauen. Ich fühle mich eingebunden und aufgehoben in diesem großen, unendlich weiten Universum. Wenn ich auf der Erde liege, in der tiefen Stille, fühle ich mich eins mit dem, was man mit Worten nicht beschreiben kann. Es ist die Hingabe an das, was IST.

Ich spüre meinen eigenen Herzschlag und ich spüre gleichzeitig diese unendliche Ausdehnung. Keine Gedanken. Kein Leid. Keine Vergangenheit. Keine Zukunft. Nur dieser immer wiederkehrende Moment Jetzt. Ich muss mich nur dafür öffnen – denn dieser Raum ist *immer* da.

KAPITEL 17

No speak I go …

Bei der nächsten Reise beschließen die vier Teilnehmerinnen, dass sie sich während unserer Zeit in der Wüste ganz tief auf die Stille der Wüste einlassen und *schweigen* wollen. Dieses Schweigen soll nicht „den Mund halten“ sein, so wie wir es als kleine Kinder kennen gelernt haben, sondern es soll die Dimension des tief mit sich verbunden sein, des nach Innen gehen, ermöglichen. Natürlich bin ich sofort dafür, ich kenne doch die Kraft der Stille!
Unsere Begleiter sind zwei Beduinen. Der eine ist der, mit welchem ich schon seit längerer Zeit zusammen arbeite. Der andere ist Achmed, der im vorigen Jahr noch 14 Jahre alt war und in diesem Jahr plötzlich 18 ist, weil junge Frauen in meiner Gruppe dabei sind. Flexibilität ist eine große Stärke der Beduinen. In jeder Hinsicht.
Wir, die Gruppe, schweigen. Am Anfang versuchen die zwei Beduinen, uns aufzuheitern. Sie scheinen zu denken, dass wir gelangweilt oder depressiv sind. Ich versuche ihnen klar zu machen, dass wir schweigen, um die tiefe Stille der Wüste besser spüren und hören zu können. Wie soll man einem Blinden erklären, wie die Farbe rot aussieht?
Am nächsten Tag ist Achmed am Ende seiner Geduld. Dieses Schweigen macht ihn unendlich zu schaffen, er kann damit nichts anfangen und es macht ihn sichtbar nervös. Dann bricht es aus ihm heraus: „No speak, I go!“ („Nicht sprechen, ich gehe!“). Er setzt es sofort in die Tat um und verschwindet. Zu Fuß muss er mindestens 8 Stunden zurücklegen, bevor er eine Menschenseele und die Straße erreichen wird – das ist es ihm scheinbar wert.
Da die Gruppe nur aus 4 Teilnehmern besteht, macht der andere Beduine alleine weiter. Die Nacht kommt. Als ich mich schon längst an meine Schlafstelle hingelegt habe, höre ich, wie er nach mir ruft. Ich wundere mich. Es klingt, als würde er Angst haben. Komisch. Soll dieser Mann, der in der Wüste aufgewachsen ist, Angst haben? Es klingt nicht so, als ob er in Not sein würde und dringend Hilfe braucht – eher nach einem quengeligen Kind. Im Dunkeln finde ich ihn und frage, was los ist. Hat er Angst vor Schlangen und Skorpionen? Nein, nicht vor Schlangen und Skorpionen! Er hat Angst vor Geistern!

Mit seinem klapprigen Auto macht er sich auf und verspricht hoch und heilig, dass er innerhalb von drei Stunden wieder da sein wird. Da ich ihm noch einen beachtlichen Rest des Geldes für die Reise geben muss, lasse ich ihn gehen. Tatsächlich taucht er nach vier Stunden wieder auf und hat einen zweiten Beduinen mitgebracht. Noch eine Nacht alleine mit den Geistern will er sich nicht zumuten.
So verläuft unsere Reise ganz still. Für die Teilnehmerinnen ist es eine ganz besondere Erfahrung, die noch lange nachwirken wird, wie sie mir später berichten. Ich bin dankbar dafür, dass sie vorgeschlagen hatten zu schweigen und dass ich diese tiefe Qualität der Wüste mit ihnen teilen durfte.
Am Ende der Reise haben die Beduinen ein richtiges Erfolgserlebnis: Weil ihnen so unendlich langweilig ist, in dieser Zeit wo gar nicht gesprochen wird, werden auch sie aufmerksamer und stiller und – sie finden eine Schlange, eine Sandviper, die sie geschickt in eine leere Mineralwasserflasche hinein befördern. Voller Stolz und Ausgelassenheit zeigen sie ihre Trophäe der schweigenden Gruppe. Für einen Moment schaffen sie es tatsächlich, uns zum reden zu bringen!

KAPITEL 18

Überlebenskünstler

Die Beduinen sind eigentlich wie kleine Jungs. Unglaublich geschickt, anpassungsfähig und erfinderisch. So habe ich im Laufe der Zeit einige Geschichten mit ihnen erlebt, die zeigen, wie sie mit Schwierigkeiten umgehen.

Auf der Suche nach neuen Plätzen, wo ich mit meinen Gruppen in aller Ruhe und ungestört Reisen durchführen kann, bin ich mit einem Beduinen und seinem alten Auto in der Wüste unterwegs, als er auf einem scharfen Stein einen von seinen sowieso schon abgefahrenen Reifen kaputt fährt. Einen Reservereifen besitzt er nicht und er hat keine Pumpe oder Hilfsmittel dabei, um den Reifen zu flicken und aufzupumpen – wir müssen aber unbedingt mit diesem Auto aus der Wüste herausfahren können. Wir sind viel zu weit weg von irgendeiner Straße oder Siedlung, um Hilfe zu holen und es geht im Grunde um Leben und Tod, denn wir haben außer einem kleinen Kanister Wasser, ein paar Flaschen Mineralwasser und einer Decke nichts dabei.

Wir setzen uns hin, er macht erst mal Tee. In aller Ruhe sammelt er mitten im „Nichts“ Wurzeln und Brennmaterial, um das Wasser in einem kleinen Teepott zum kochen zu bringen. Gemütlich schlürfen wir den Tee und überlegen. Die Zeit vergeht, die Schatten werden länger, der späte Nachmittag wird bald in den Abend und in Dunkelheit übergehen. Es ist noch nicht „zufällig“ ein anderer Beduine vorbeigekommen, der auf wunderbare Art und Weise genau das dabei hat was wir brauchen …

Plötzlich sehe ich, wie sein Gesicht aufhellt. Ihm fällt etwas ein, ich merke es. Er fängt an zu strahlen und läuft auf der Suche nach irgendetwas herum. Was? Keine Ahnung. Es wird sich zeigen. Ich merke, dass es jetzt nicht der Augenblick ist, Fragen zu stellen.

Nach einiger Zeit kommt er tatsächlich mit einer Eisenstange an. Es hat einen Sinn, dass Beduinen kein Gefühl für Müll haben, denn in Situationen wie dieser wird Müll zum lebensrettenden Handwerkszeug. Mit einem geschickten Manöver schafft er es, das Auto auf einem großen Stein aufzubocken und er fängt an, mit der Eisenstange den kaputten Reifen herunter zu nehmen. Dann, oh Wunder, zeigt sich, was er vorhat. Er fängt an, die Decke in den Reifen einzubauen!

Er bringt es tatsächlich fertig, den Reifen wieder zu montieren, und mit dieser Erfindung schaffen wir es, heil wieder an die Küste zu gelangen.

Ein paar Jahre später höre ich eine Geschichte von einem Beduinen, der sich aus einer ähnlichen Situation retten kann. Als er mit seinem Auto, tief in der Wüste, wegfahren will, ist ein Reifen leer. Keine Pumpe, nichts. In dem Auto, es ist das Auto seines Onkels, findet er nur ein Paar alte abgenutzte Flipflops und in diesem Fall wird das seine Rettung. Aus dem Motor entnimmt er einen nicht so wichtigen dünnen Schlauch und montiert diesen durch ein Loch an der Schuhsohle. Diese befestigt er an den Auspuff des Autos und das andere Ende vom Schlauch wird mit dem Ventil des Reifens verbunden. Er startet das Auto und tatsächlich bringt er es fertig, den Reifen aufzupumpen!

Kein Wunder, dass es für die Wüstensöhne ein großartiger Spaß ist, mit alten, klapprigen Autos – meistens nicht angemeldet, ohne Nummernschild und nach dem System „Aus drei mach eins“ – an die Stellen zu fahren, wo sie früher nur mit Kamelen hinkommen konnten.

KAPITEL 19

Die Schlange

Als ich nach einiger Zeit wieder in Deutschland bin, finde ich in einem Kaufhaus in der Spielwarenabteilung zufällig eine Schlange aus Plastik, die genau so aussieht, wie die Sandvipern in der Wüste! Ich kann es nicht lassen sie zu kaufen, ich muss unbedingt den Beduinen einen Scherz verpassen.

Mit der nächsten Gruppe machen wir eine Kameltour durch den südlichen Sinai. Ich weihe die Gruppe ein und erkläre was ich vorhabe. Irgendwann während der Reise werde ich aufgeregt schreien und eine Schlange finden. Die Teilnehmer sind bereit, den Spaß mitzumachen.

Am fünften Tag ist es soweit. Der Platz, wo wir die Mittagspause verbringen werden, ist absolut einmalig. Nur hier gibt es eine Art von Wüstengras, das ganz hoch und ganz dicht wächst. Der optimale Platz, um eine Schlange zu finden!

Ich nehme vorsichtig die Plastikschlange aus meiner Tasche und stoße einen Schreckensschrei aus: „Hilfe, eine Schlange!". Das erste, was der Beduinenhäuptling sagt, ist „Why did you catch it?" – „Warum hast du sie gefangen?" und die erwachsenen Männer sind mit einem Satz auf mindestens fünf Meter Abstand von mir und der Schlange, die ich nun heftig bewegend, so, als könne ich sie kaum halten, in der Luft herum bewege. Es ist erstaunlich, was für eine Energie es mir gibt, dieses Kraftobjekt in den Händen zu halten und zu sehen, wie die Männer laufen gehen und Angst haben! Eine ganz besondere Erfahrung!

Unter den Beduinen ist ein kleiner, 13-jähriger Junge. Er ist sozusagen der Handlanger, der alles machen muss, was die anderen nicht machen wollen. Er ist der Einzige, der nicht von der Angst gepackt wird und mich durchschaut! Er sagt ganz ruhig „It´s plastic". Um zu beweisen, dass er Recht hat, deutet er an, dass er die Schlange in die Hand nehmen will. Für diesen Mut und Schlauheit muss ich ihn belohnen und gebe ihn die Schlange in die Hände. Nun läuft er hinter den immer noch angstvollen und davon rennenden Männern her! Der Spaß ist auf jeden Fall gelungen!

Jahre später habe ich die Möglichkeit, mich tatsächlich mit der Kraft einer echten Schlange auseinander zu setzen. Inzwischen bin ich in einem ganz anderen Gebiet des Sinai und arbeite mit ganz anderen Beduinen zusammen. Der Platz, wohin wir mit der Gruppe gehen werden, liegt auf der anderen Seite eines Passes, welchen wir zusammen mit Kamelen, die unser Gepäck, Proviant und Wasser tragen, überqueren. Wir schlafen eine Nacht vor dem Pass. Hier, in einem Gebüsch, finden die Beduinen am Morgen tatsächlich eine echte, lebendige Sandviper. Sie wollen sie unbedingt töten, weil diese Schlange ein Kamel umbringen kann. Es ist die natürliche Reaktion eines Beduinen beim Anblick einer solchen Schlange. Ich frage sie, wie lange die Schlange ohne Nahrung überleben kann und sie meinen, mindestens zwei Wochen. Dann bitte ich sie, die Schlange in eine Plastik Flasche zu tun – so, wie ich es vor einigen Jahren bei den anderen Beduinen erlebt hatte, um sie damit vor dem Tod zu retten.
Sie schaffen es tatsächlich, die Schlange in die Flasche hinein zu tun und händigen mir die Schlange in der Flasche aus. Nun habe ich wieder eine Schlange in den Händen – allerdings eine echte und lebensgefährliche. Mir ist aber gleichzeitig bewusst, dass unsere Lebensenergie, die auch oft mit einer Schlange – die Kundalini – verglichen wird, auch in einer Flasche steckt. Eine Flasche aus Erfahrungen, Vorurteilen, Gedanken und Expertentum, welche uns davon abhält, lebendig zu sein! So will ich diese Schlange mitnehmen und während der zehn Tage, die wir in der Wüste sein werden, bei mir behalten und beobachten. Ich trage die Flasche mit der Schlange ganz bewusst, in einem Ritual, über den Bergpass und lagere sie an meinem Schlafplatz.
Es ist gewaltig, dieses Tier bei mir zu haben. In der ersten Zeit schnappt sie immer rasend schnell nach meinem Finger, wenn ich in ihre Nähe komme – bis sie merkt, dass es sinnlos ist, sich die Nase anzuhauen. Schon wieder eine Parallele zu unserer Lebensenergie! Ich beobachte, wie sie sich manchmal ganz in den Sand zurückzieht und kaum noch sichtbar ist. Ich höre und sehe ihre unglaublich geschmeidigen Bewegungen. Ich freunde mich mit dieser Schlange an und habe einen riesigen Respekt vor ihrer Flexibilität, Schönheit und Kraft.
Am Ende der Reise trage ich sie wieder über den Berg und halte sie im Auto auf meinem Schoß. Wir werden sie auf einer weiten Sandfläche frei lassen. Wieder ein Ritual – symbolisch befreie ich meine eigene Lebensenergie und

die der Gruppenteilnehmer, sogar die Lebensenergie der ganzen Menschheit – wenn man so will. Ich bin mir ein wenig unsicher, wie die Schlange reagieren wird, wenn wir sie aus der Flasche herauslassen. Wird sie mich anspringen oder beißen um sich zu rächen?
An einem Platz, wo viele Mäusespuren und niedrige Sträucher sind, halten wir an. Der Beduine hilft mir, die Schlange aus der Flasche zu lassen und … sie zieht sich sofort rückwärts in ein Gebüsch zurück. Ich bedanke mich bei ihr dafür, dass ich ihr so nah sein durfte und wünsche ihr ein gutes Leben in der Weite der Wüste und segne sie.

KAPITEL 20

Offen und ohne Panzer

Dadurch, dass ich meinen Panzer im Laufe der Zeit mehr und mehr verloren habe, sind Emotionen und Gefühle – ob es nun meine eigenen sind oder die aus meiner Umgebung – mit einer gewaltigen Wucht da. Genauso wie der Wind da ist, oder die Wärme eines Feuers. Im Grunde ist es der Zustand, in welchem kleine Kinder noch sind. Wenn sie traurig sind, sind sie es *ganz*, wenn sie sich freuen, freuen sie sich *ganz*, wenn sie wütend sind, sind sie es *ganz*.

Die Spontaneität, die damit einhergeht, ist sehr erfrischend und manchmal überraschend. Einmal bin ich auf dem Basar in einem kleinen Gewürzladen und trinke Tee. Es kommt ein Mann, der den Besitzer des Lädchens beim Einkauf auf eine sehr herablassende Art anspricht und herumkommandiert. Als er mit seinem Einkauf fertig ist, sieht er mich an und sagt „Ciao“. In dem Moment verzieht sich mein Gesicht in eine Grimasse, die eindeutig zeigt, wie ich seine Art empfunden habe – zu meiner eigenen Überraschung!

Eine Folge dieser Offenheit ist auch, dass ich manche Ereignisse viel intensiver wahrnehme und empfinde als vorher. Als in der Umgebung des Bambushüttencamps, welches seit einigen Jahren meine Anlaufstelle im Sinai geworden ist, Maschinen auftauchen, die anfangen das Gelände – die Wüste, die in ihrer ganzen Natürlichkeit und Schönheit bis ans Meer kommt - zu zerstören, damit Hotels darauf gebaut werden, spüre ich es physisch in meinem eigenen Körper.

Es ist ein Bild für das, was im Laufe unseres Lebens mit uns Menschen passiert ist: Unsere Offenheit, unser Vertrauen, unsere Jüngferlichkeit, unsere Natürlichkeit, werden mit einer Wucht zerstört, damit Gedankengebäude darauf errichtet werden können. Danach sind wir nur noch mit den Gedanken und Gebäuden beschäftigt und vergessen unseren Ursprung.

Es tut zutiefst weh, Zeuge von dieser Zerstörung zu sein. Es ist wie eine Vergewaltigung. Diese Wüste, die bis ans Meer kommt, ist eine solche Inspiration! Einfach nur da zu sitzen und sie auf sich wirken zu lassen, hat ein so gewaltiges Potential für Heilung und „sich erinnern“ an unseren Ursprung.

Ein Sprichwort der Beduinen sagt: „Als Gott die Welt erschaffen hatte, schaute er sie sich an. Alles was ihm vom Wesentlichen ablenkte, nahm er heraus. So entstand die Wüste". Genau das passiert nun hier. Die fünf Sterne Hotels, die errichtet werden, sind wunderschöne und vielfältige Ablenkungen vom Wesentlichen. Zum Glück bleiben der Nationalpark im Süden und die ganze Wüste im Landesinnern unberührt und ganz ursprünglich.

KAPITEL 21

Heilung und Inspiration durch die Elemente

Die Elemente, die auf unserem Planeten die Grundlagen für unsere Existenz bieten, sind in der Wüste Sinai alle in ihrer puren, einfachen und natürlichen Form zugegen. Sie ganz bewusst und unmittelbar zu *erleben,* sich ihnen *hinzugeben* und sich auf sie *einzulassen,* bringt uns unseren eigenen Ursprung näher. Wir können durch das unmittelbare *Erfahren* der Elemente aus unserer eigenen uns innewohnenden Weisheit schöpfen.
Die Urkräfte und Energien, die im Sinai zusammenwirken, haben schon seit vielen Jahrhunderten Suchende, Weise und Propheten inspiriert und beflügelt. Spiritualität ist hier seit Jahrtausenden zuhause. Diese Wüste lässt uns die Kraft der Transformation erfahren. Im Inneren und im Äußeren.
Das Element Erde ist in einer unendlichen Vielfalt vertreten: hohe, majestätische Berge, farbenreiche Canyons, weiche runde Hügel, ausgedehnte goldgelbe, lachsrote und weiße Sandflächen mit ganz feinem Sand, ein Hochplateau welches quer über die Halbinsel geht, endlos viele Steine in allen erdenklichen Farben und Formen und skurrile Steinskulpturen …
Eingebettet in tiefster, alles durchdringender Stille.
Diese Berge und diese Steine haben sich aufgeladen mit den Energien der Sonne, der Planeten, der Sterne, des Mondes, des Windes und der Stille. Es ist spürbar. Es ist hörbar. Der Ton der Erde ist wie der Nachhall einer Kirchenglocke in der absoluten Stille.
Beim Gehen hört man, wie sich der eigene Fuß über den Sand abrollt. Beim Innehalten an einem schattigen Platz gibt es nichts zu tun. Einfach nur Sein, lauschen, sehen und entspannen. Wahrnehmen, wie die Schatten im Laufe eines Tages sich bewegen, wie die Farben sich ändern.
Es ist, wie zurückkehren in den Mutterschoß, aufgehoben und getragen sein. Alles wird zum Ritual, wenn man sich darauf einlässt und sich auf die heilige heilende Stille einstimmt. Die kleinsten, einfachsten Dinge bekommen eine

ganz besondere Dimension. Man fühlt sich nichtig und klein und unendlich groß und weit ... Alles gleichzeitig, im Innehalten des Augenblicks.
Ich erinnere mich, wie ich vor vielen Jahren zehn Tage alleine in der Wüste war, als mich die Erde in ihrer Kraft und Energie einweihte. Sehr früh am Morgen wache ich auf. Das Tageslicht kündigt sich an – es sind aber noch Sterne am Himmel. Unendliche Stille ringsum. Nichts bewegt sich. Nacheinander verschwinden die Sterne. Hinter den Bergen dämmert das Morgenrot. Die Berggipfel im Westen erscheinen feuerrot. Langsam, ganz langsam werden mehr Gipfel, mehr Berge von der Morgensonne erfasst. Die Sonne liebkost die Erde, jeden Berg, jeden Fels, jeden Stein, jedes Sandkörnchen, jedes Pflänzchen, jeden Baum, jeden Zweig und auch mich. Es ist, als ob es der erste Tag meines Lebens wäre, so liebevoll werde ich von den ersten Sonnenstrahlen berührt. Ich spüre sie durch meinen ganzen Körper. Die Sonne fragt nicht, wer ich bin, wie ich bin, wie ich heiße. Sie strahlt nur und berührt mich. So muss bedingungslose Liebe sein.
Auf einmal höre ich einen ganz tiefen Ton, ein tiefes Grollen, so tief, wie ich es noch nie gehört habe. Dann folgen einige kraftvoll stoßende Bewegungen der Erde. Ringsum fallen Steine, es klirren Schieferplatten. Dann ist wieder Stille, tiefer als zuvor, so, als ob diese Erschütterung nie gewesen wäre. Aber in mir ist etwas geschehen. Es fühlt sich an, als ob sich auch in mir etwas zurechtgerückt hätte. Es ist ein sehr besonderes Gefühl, das lange anhält.
Es ist, als ob die Mutter Erde uns wachrütteln würde und sagt: „Wacht auf, hört auf, mich zu zerstören!“
Nachher erfahre ich, dass dieses Erdbeben 6,5 auf der Richterskala erreichte.
Das Element Wasser hat in der kargen trockenen Wüste eine ganz besondere Stellung. Die Beduinen haben das Wissen um die Orte, wo Wasser zu finden ist, unter sich weitergegeben. Es ist erstaunlich, wie wir, wenn wir in der Wüste unterwegs sind, immer wieder auf Wasserstellen treffen. Allerdings sind sie nicht immer gefüllt ...
Es gibt unterschiedliche Arten von Wasserstellen. Solche, die bis ganz tief in die Erde hineinreichen und von Grundwasser gespeist werden und andere, die vor vielen Jahren in den Felsen ausgehauen wurden und wo Regenwasser, das von den Bergen hinunter fließt, hineingeleitet wird.
Es ist für die Beduinen außerordentlich wichtig, dass es mindestens einmal im Winter einen so kräftigen Regenguss gibt, damit es zu einer Überschwemmung kommt. Am Anfang des Winters treffen sich die Männer in

den verschiedenen Stammesgebieten, um gemeinsam spezielle Regengebete zu sprechen. Ab dann wird gehofft, dass der Regen kommt.
Es wird erzählt, dass in der Wüste mehr Menschen ertrunken sind, als verdurstet ... Denn wenn ein solcher heftiger Regen niedergeht, verwandelt sich die Wüste in kürzester Zeit in ein gewaltiges, kraftvolles, tobendes Urwesen. Donner und Blitz gehen meistens zusammen mit diesen Regenfällen. Die Donnerschläge werden durch das Echo und den Widerhall in den Bergen noch um einiges verstärkt. Ein Ereignis, dass uns an ungeahnte Urkräfte teilhaben lässt. In kürzester Zeit fangen Bächlein an von den Bergen hinunterzufließen, die sich wiederum ganz schnell zu einem größeren Strom zusammenfinden. Innerhalb von Minuten kann sich eine Situation ins absolute Gegenteil verwandeln.
Wenn die Wolken leer geregnet sind, kommt auch wieder ganz schnell die kraftvolle Sonne, die alles wieder trocknet.
Es ist eine wunderbar kraftvolle Einweihung bei solch einem Regen mit zu tanzen und zu toben – sich auf die Energien, die sich freisetzen, einfach einzustimmen und voll und ganz am Geschehen beteiligt zu sein.
Der letzte starke kurze Regenguss kam herunter, als wir mit einer 25-köpfigen Gruppe, die auf intensive Selbsterfahrung ausgerichtet war, eine Woche tief in der Wüste verbrachten. Als weitere „Belohnung" vom Element Wasser zeigten sich dann bei unserer Schiffsfahrt übers Rote Meer an der Südspitze des Sinai am letzten Tag mindestens 30 Delphine! Sie haben unser Schiff eine ganze Weile begleitet und damit gespielt.
In solchen Momenten kann ich nur staunen und mich bei den Kräften des Universums bedanken, die diese Art von Synchronizität mitgestalten. Immer wieder werden wir reich belohnt, wenn wir mutig sind!
Ein anderer Aspekt des Elements Wasser ist das hautnahe Miterleben des Mondzyklus. Es ist auch ein großer Unterschied, ob wir bei Vollmond, Halbmond oder Leermond in der Wüste sind!
Beim Leermond sind die Nächte absolut dunkel und die Sterne, Planeten und Milchstraße sind zum greifen nah. In dieser Dunkelheit auf der Erde zu liegen und über die Bewegung des Ganzen zu staunen, ist gewaltig und einzigartig.
Der Neumond ist tagsüber am Himmel und wird meistens erst gesehen, kurz bevor er am späten Nachmittag oder frühen Abend unter geht.
Der Vollmond kommt meistens kurz nach Sonnenuntergang, wie ein riesiger Ball, hinter den Bergen (oder aus dem Meer) zum Vorschein und bleibt die

ganze Nacht am Himmel sichtbar. Es ist erstaunlich, wie lange vor dem Erscheinen des Mondes das Licht sich schon hinter der Bergkulisse ankündigt. Das Licht, welches durch den Vollmond verbreitet wird, hat die Kraft, die Wüste ganz auszuleuchten. Es gibt sogar Schatten! Die ganze Landschaft badet in einem magischen Licht.

Eine weitere Erfahrung mit dem Element Wasser ist, zu entdecken, mit wie wenig Wasser man auskommen kann – und sich trotzdem frisch und wohl zu fühlen!

Bei einer Kameltour habe ich immer das innere Bild vor Augen, dass wir mit den Tieren, dem Gepäck, dem Proviant, den Küchenutensilien, dem Wasser und den Menschen, stetig und immer weiter über die Landschaft *fließen.* Ein Kamel sucht ganz automatisch den Weg des geringsten Widerstandes, so, wie das Wasser fließt …

Nach einer Wüstenreise unter einer Dusche zu stehen ist manchmal total orgiastisch … wie *in der Wüste* an einer Quelle in der weiten Landschaft einen ganzen Liter Wasser über sich zu gießen … Die einfachen Freuden des Seins!

Das Element Feuer wird in der Wüste natürlich an erster Stelle durch die Sonne verkörpert. Der Moment, in welchem am Morgen die ersten Sonnenstrahlen einen berühren, ist ein heiliger Moment. Diesen kostbaren Augenblick voll und ganz mit offenen Sinnen und Empfänglichkeit zu erleben ist tiefste Heilung. Das Ritual, die Sonne Tag für Tag ganz bewusst neu zu empfangen und ihr am Abend bei Sonnenuntergang für die Wärme und das Licht zu danken, hat eine unendliche Kraft.

Die Sonne wird im Sinai fast nie durch Wolken behindert. Der klare blaue Himmel erlaubt ihr, in voller Größe da zu sein. Ihre Energie berührt alles und jeden und lädt alles auf.

Vor vielen Jahren wollte ich wissen wie es ist, wenn ich in der allergrößten Sommersonnenhitze, Anfang August, zehn Tage alleine in der Wüste bin, mich diesem Feuer aussetze …

Jeden Morgen, gegen elf Uhr, fängt es an heiß und heißer zu werden. Keine Luftbewegung. Nur Hitze. Zum ersten Mal in meinem Leben spüre ich, wie ich in dieser Hitze anfange innerlich zu kochen. Es ist kaum auszuhalten. Ich koche. Wut taucht auf. Ich koche vor Wut. Zum ersten Mal in meinem Leben koche ich vor Wut. Ich kann die Wut, die immer schon in mir war und ist, nicht mehr zurückhalten, dafür koche ich zu sehr. Ich tobe, weiß nicht, wohin mit der Kraft, die in mir aufsteigt. Dann erinnere ich mich an

einen Trick, den meine nubische Freundin Noura mir in Assuan am Nil gezeigt hat: Ich tunke ein großes Tuch in Wasser und wickele es um meinen nackten Körper. Es wird durch den Wind eiskalt! Ich schreie auf, und ... die Wut ist weg. Die Wut ist weg! Wo ist sie geblieben? War sie überhaupt da? Dieses Feuer macht ehrlich, transformiert, bereinigt und hat Löwenkraft!
In dieser kargen Landschaft wird unaufhörlich „echtes“ Feuer gemacht. Es ist für die Beduinen in der Wüste die einzige Möglichkeit, Tee und Essen zu kochen. Äste von Bäumen, Wurzeln von Pflanzen, Palmenblätter, vertrocknete Sträucher und Kamelkötel ... So bald wir irgendwo ankommen, wird als erstes Brennmaterial gesammelt, Feuer gemacht und der Tee zubereitet. Tee trinken heißt ankommen.
Im Laufe der Zeit habe ich bemerkt, wie gut es tut, immer wieder am Feuer zu sitzen und Feuer zu machen! Während der vielen Tage und Wochen alleine in der Wüste wurde das Feuer machen zu meiner zweiten Natur. Eingestimmt auf das Feuer legten meine Hände ein Stück Holz genau an die richtige Stelle, oder verlegten ein Zweig um einige Millimeter um das Feuer wieder lichterloh brennen zu lassen. Manchmal „wollte“ es aber auch nicht – es war mein Barometer an welchem ich abmessen konnte, wie sehr ich bereit war, mich einzulassen.
Das Element Luft ist in der Wüste Sinai allgegenwärtig. Zum Glück! Manchmal ist es ein kleiner, feiner Lufthauch, der einem im heißen Sommer „das Leben rettet“...
Es kann aber auch ganz gewaltige Stürme geben. Sie kommen von einem Moment zum nächsten aus dem Nichts heraus und toben und wehen mit einer solchen Wucht und Kraft, dass alles mit schweren Steinen befestigt werden muss. Von weitem höre ich den Wind über die Berge kommen, bis er mich berührt. Es ist ein sehr elementares Konzert, wenn der Wind sein Lied in der Wüste spielt.
Besonders in der Sandwüste ist der Wind hörbar, spürbar und sichtbar. Die Wucht eines Sandsturmes ist Lebendigkeit pur. Man muss sich nur richtig anziehen und die wichtigsten Teile des Kopfes bedecken. Dann ist auch die Urkraft des Windes einfach nur das, was es ist.
In dem Gebiet, wo ich meine Reisen durchführe, sind wir auf etwa tausend Meter über den Meeresspiegel. Hier weht meistens ein leichtes Lüftchen, was den Aufenthalt in der Wüste, vor allem in den wärmeren Monaten, sehr erleichtert.

Das Element Luft ist das, was am meisten macht „was es will". Ungreifbar, nicht zu fassen, mal aus einer Richtung kommend, mal aus einer anderen … Es kommt überall hin, man kann sich in der Natur davor nicht verstecken. Es ist das Element der Leichtigkeit.
Alle Elemente haben ihre vollkommene Natürlichkeit gemeinsam. Sie *sind* einfach. Der Sturm fragt nicht, ob er wehen soll oder nicht – er muss auch nicht beweisen, dass er wehen kann …
Das Zusammenspiel der verschiedenen Elemente zu beobachten ist auch eine sehr interessante und spannende Angelegenheit! Feuer und Luft. Luft und Wasser. Wasser und Erde. Feuer und Wasser. Erde und Luft.
Das allerwichtigste ist, die Elemente zu *begreifen,* zu *verstehen,* ihre Natürlichkeit zu *spüren* und zu *verkörpern.* Jenseits von Worten, ohne zu analysieren, zu diskutieren und nachzudenken, die Elemente mit allen Sinnen und mit dem ganzen Körper zu erfassen.
Wie ist es, wenn ich Erde *bin?* Wie ist es, wenn ich Wasser *bin?* Wie ist es, wenn ich Feuer *bin?* Wie ist es, wenn ich Luft *bin?* … Die Elemente inspirieren in der Wüste Sinai ein Verstehen, das weit über den Verstand hinausgeht – wenn wir bereit sind, uns darauf einzulassen. Durch das einfache *sein* mit und in den Elementen, können sich ungeahnte Kräfte in uns freisetzen und Einsichten in die Natur des Lebens auftauchen.
Im Grunde kann man die Elemente auch im Zusammenspiel zwischen Menschen oder in Ereignissen wahrnehmen. Man muss nur die Elemente durch und durch erfassen und verstehen. Alles auf dieser Erde ist wie die Elemente Erde, Wasser, Feuer und Luft miteinander verwoben. Sie sind die Grundlage von allem.
Unser Körper ist aus genau diesen Elementen zusammengestellt. Die Knochen – die Erde. Die Verdauungssäfte, das Blut – das Wasser. Die Verdauung und innere Wärme – das Feuer. Der Atem – die Luft. Das Eine kann nicht ohne das Andere. Zusammen bilden sie das Ganze.
In der heutigen Welt sind wir so sehr abgeschnitten von den Elementen und von ihrer Natürlichkeit. Es ist Lebenswichtig, uns wieder mit ihnen zu befassen und uns auf sie einzustimmen und einzulassen! Da fängt Heilung, Erkenntnis und Sein an.
Es gibt im Sinai aber noch mehr Elemente als Erde, Wasser, Feuer und Luft! Es gibt das Element Stille. Eine tiefe, alles durchdringende Stille, die hörbar ist. Eine Stille, die in alle Zellen eingeht und Ruhe, Frieden und tiefes Ent-

spannen vermittelt. Wir müssen nur innehalten und uns darauf einlassen …
Das Element Weiter-blauer-Himmel kann uns über die Augen Ausdehnung und die Weite unseres Geistes erkennen lassen. Tibetische Meditationsmeister berichten von Weisheitskanälen, die von den Augen direkt ins Herz führen. Lasse den weiten blauen Himmel über die Augen in Dein Herz ankommen und spüre einfach nach, was passiert …
Und dann gibt es noch das Element Leere. Wie ein unbeschriebenes Blatt. Nichts. In diesem Raum der Leere gibt es nichts zu tun, als einfach zu *Sein.* Keine Vergangenheit, keine Zukunft. Nur der ewige Moment jetzt. Nur jetzt. JETZT.

KAPITEL 22

Sarah

Manchmal passiert es, dass zukünftige Teilnehmer mich erst mal kennen lernen wollen, bevor sie mit mir in die Wüste gehen. In dieser Zeit gebe ich Massagen und Einzelsitzungen in Körper-, Atem- und Energiearbeit und leite Abendgruppen.
Meine Arbeit mit Menschen ist sehr interessant und spannend. Die Grundlage der Arbeit ist, dass wir aus vielen Körpern bestehen. Diese Einsicht wird in Zusammenhang gebracht mit den Elementen, den Himmelsrichtungen, so, wie wir sie beim indianischen Medizinrad antreffen. So gibt es für den physischen Körper das Element Erde, entsprechend dem Westen. Für den Mentalkörper, der aus unserer Gedankenwelt zusammengesetzt ist, das Element Luft und den Norden. Für den Emotionalkörper, die Welt der Gefühle, das Element Wasser und den Süden. Für den spirituellen Körper und die Transformation das Element Feuer und den Osten. Und es gibt noch die große Kraft der Mitte, das Unbenennbare, Gott, Allah, Buddha, das Höhere Selbst.
Der Schlüssel zum Einstieg in eine Einzelsitzung ist das Einstimmen auf die Person, die da liegt und nun von mir berührt wird. Mir ist immer bewusst, dass ich, wenn ich einen Menschen berühre, viel mehr als „nur" den physischen Körper berühre. Erstaunlicherweise ist es manchmal so, als ob meine Hände umsetzen, was ich auf einer anderen Ebene erfahre. So kann es zum Beispiel geschehen, dass jemand zu einer Ganzkörpermassage kommt. Meine Hände bleiben aber „nur" an der Schulter dieser Person. Mein Kopf sagt mir, dass ich weiter gehen soll, weil diese Person eine Ganzkörpermassage haben will. Die Hände bleiben an der Stelle. Als nach eineinhalb Stunden die Sitzung zu Ende ist, frage ich die Person, wie das den nun wohl gewesen ist, und dann bekomme ich immer wieder die erstaunliche Antwort, dass es genau das Richtige war. Entweder ist mit dem physischen Körper auch der Mentalkörper berührt worden und der Mann oder die Frau haben Bilder und Geschichten aus der Vergangenheit wieder erlebt und aufgelöst, Einsichten zu bestimmten, genau an dieser Körperstelle gespeicherten Informatio-

nen erhalten oder es wurde der Emotionalkörper berührt und Gefühle oder Blockaden, die genau an dieser Stelle eingelagert wurden, konnten sich auf dieser Ebene auflösen. Immer wieder ist es ein Abenteuer, meinen Händen zu vertrauen und mit zu erleben, was sich da entfalten will. Im Laufe der Zeit passieren die erstaunlichsten Sachen während der Sitzungen. Das wirkt sich nachher auf meinen Reisen sehr positiv aus, denn hier bekomme ich das Handwerkszeug, die Gelassenheit und das Vertrauen, dem, was geschehen oder sich auflösen will, einfach Raum zu geben. Das vollzieht sich dann nicht nur mit Einzelpersonen, sondern – durch die Kraft der Wüste - mit ganzen Gruppen!

In dieser Zeit meldet sich Sarah bei mir. Sie will gerne in die Wüste mitkommen, aber sie will mich unbedingt vorher mal kennen lernen und eine Einzelsitzung bei mir buchen. Wir vereinbaren einen Termin.

Sie kommt. Als ich mit der Sitzung anfangen will, entdecke ich an beiden Pulsen mehrere Narben. Zuerst erschrecke ich mich – ich habe so etwas noch nie gesehen. Ich gebe ihr aber zuerst meine Berührung, bevor ich sie anschließend darauf anspreche. Sie erklärt mir, dass sie vor etwa zehn Jahren immer wieder und auf alle mögliche Art und Weise versucht hat, sich das Leben zu nehmen. Sie wurde aber immer wieder „gerettet". Da beschloss sie, dass es wohl doch noch nicht ihre Zeit sei zu gehen und dass sie wohl noch etwas bleiben müsse … Ich frage sie, ob sie vielleicht in der Wüste rückfällig werden würde. Sie versichert mir hoch und heilig, dass dies bestimmt nicht der Fall sein wird, denn sie hat begriffen, dass man den Moment des Todes nicht selber bestimmen darf und kann.

Da ich inzwischen so sehr von der gewaltigen Kraft der Wüste weiß, die so viel Einsicht bringen kann, beschließe ich, ihr die Chance zu geben in der Hoffnung, dass es ihr helfen wird, ihre Vergangenheit nun endgültig zu heilen und ihr Leben in den Griff zu bekommen.

Einige Wochen später, nachdem sie noch einige Male zu mir gekommen ist um Einzelsitzungen zu empfangen, ist es so weit und wir gehen mit einer kleinen Gruppe in die Wüste. Der Platz ist der, welchen ich als Gebärmutter der Mutter Erde bezeichne. Der Weg bis dahin geht durch eine hohe, enge Schlucht – wie ein Geburtskanal – und am Ende davon angekommen, ist der behütete Platz mit dem großen Stein in der Mitte und den vielen Tälern die davon abgehen. Ich schlage der Gruppe vor, die Zeit in der Wüste als Heilzeit zu erleben, so, als ob man wieder zurück in die Gebärmutter geht, wo es

nichts zu tun gibt als einfach zu SEIN. Am Ende der Wüstenzeit, am letzten Tag, feiere ich mit der Gruppe ein Ritual. Jeder soll, in Gegensatz zu damals als wir geboren wurden und wir keine Ahnung hatten von dem, was uns während der Geburt passiert und wir einfach durch die Enge auf die Welt gedrängt wurden, in seiner eigenen Zeit ganz aufrichtig und bewusst durch den „Geburtskanal" laufen und „auf die Welt" gehen. Am Ende des Geburtskanals gibt es in der weiten Ebene einen großen Baum, der viel Schatten spendet. Hier will ich ein „Willkommen auf der Erde" Ritual feiern. Allerspätestens sollen die Teilnehmer um 14.00 Uhr an diesem Platz eintreffen.
Um 12.00 Uhr sind die ersten „Frühgeburten" da. Sie legen sich unter dem Baum und sind einfach nur da, in der tiefen Stille der Wüste. Ihre Gesichter sind ganz gelöst, entspannt und weich. Es ist wunderschön, diese „Babys" zu sehen ... Um 13.30 Uhr sind alle da, bis auf Sarah. Ich beschließe, bis an den Anfang des „Geburtskanals" zu gehen, weil ich dort dann sehen kann, wie sie kommt. Ich wundere mich, dass sie sich so viel Zeit lässt, akzeptierte es aber, weil ich mir vorstellen kann, dass gerade bei ihr, dieses Ritual viel auslöst.
Als ich dort ankomme, ist sie nicht in Sichtweite. Komisch, denn dieser Weg ist ganz schön lang und sie braucht viel Zeit, um bis zum Baum zu kommen. Dann fängt es an, mir sehr mulmig zu werden und tausende Gedanken gehen mir gleichzeitig durch den Kopf. Hat sie nun doch, trotz ihres Versprechens und trotz der Versicherung, dass sie begriffen hat, dass sie noch nicht sterben soll, die Gelegenheit genutzt, in diesem tiefen Frieden und Stille der Wüste? Plötzlich erinnere ich mich daran, wie sie sich am Morgen so intensiv von mir verabschiedet hat, bevor das Ritual losging. Sie hat mich umarmt und sich anschließend mit vielen Verbeugungen verabschiedet. In dem Moment war es einfach natürlich und normal gewesen, aber jetzt, im Nachhinein gesehen, ist es plötzlich in ein ganz anderes Licht gerückt! Hat sie doch beschlossen aus dem Leben auszusteigen? Was tun? Soll ich sie suchen gehen? Aber das Ritual ist im Gange und die „Neugeborenen" liegen unter dem Baum und warten auf die Fortsetzung des Rituals ... Ich kann nicht abbrechen! Unmöglich! Die Beduinen kann ich auch nicht erreichen, sie sind an unserem Platz oben im Tal – ich kann sie nicht beauftragen, sie suchen zu gehen, ich muss warten, bis das Ritual zu Ende ist ... Werde ich als Verantwortliche ins Gefängnis gesperrt werden? Werde ich des Landes verwiesen werden? Wie soll ich ihre Familie finden und in Kenntnis setzen

von dieser Tatsache? Und … Und … Und … Gedanken, Einfälle, alles taumelt gleichzeitig durch mein Gehirn.
Ich hole tief Luft, sammele mich und beschließe, dass es unmöglich ist das Ritual abzubrechen, dass ich es weiter machen muss und erst nachher, mit den Beduinen, auf die Suche gehen kann.
Als ich wieder beim Baum ankomme, liegen die „Babys“ da und ich setze mich, sammele mich noch einmal, mache mich bereit, das Ritual weiter zu führen. Ich nehme meine Zimbeln in die Hand, um die „Babys“ ins Hier und Jetzt zurück zu hohlen. Es ist Punkt 14.00 Uhr.
Genau in dem Moment, als ich die Zimbeln anschlagen will, *sehe ich Sarah kommen!* Aus der total anderen Richtung, weit über den Baumplatz hinaus! Wie es mir in diesem Moment ergeht, kann ich kaum beschreiben. Staunend, weinend, lachend, erlöst, aufatmend, meinen Augen nicht glaubend, in vollkommener Leere ohne Gedanken sitze ich da und sehe sie näher kommen.
Wieder ist es diese zeitlose Zeit, wo alles in Zeitlupe passiert. Als sie da ist umarmen wir uns still und sie flüstert, sie sei wohl zu weit gegangen, so wie damals …
Nach einigen Minuten lasse ich nun die Zimbeln klingeln und, mit etwas Verspätung, geht unser Ritual weiter. Wir setzen uns im Kreis und fassen uns still an den Händen. Mit geschlossenen Augen lauschen wir der Stille der Wüste, spüren unseren Herzschlag und sind einfach auf der Erde angekommen, in diesem Moment. Jetzt.

KAPITEL 23

Tod und Geburt, die Tore des Bewusstseins

Im Sinai sind Tod und Geburt natürliche Bestandteile des Lebens. Die Schaf- und Ziegenherden der Beduinen, die Tag für Tag über die Landschaft fließen, sind permanent dabei, Nachwuchs zu gebären. Die Kamelstuten, die man überall in der Wüste in kleinen Herden trifft, sind entweder schwanger oder sie haben ein junges Kamel an ihrer Seite.
Bei jedem größeren Anlass, sei es die Geburt eines Kindes, der Kauf eines Autos oder eines Kamels, das Fertigstellen eines Hauses oder eines Beduinenzeltes, das jährliche Beduinenfest, das moslemische Fest Aid, eine Hochzeit oder ein Begräbnis – bei jedem dieser Anlässe wird ein Hammel oder zumindest eine Ziege geschlachtet.
Dieses Ritual läuft bei allen Beduinenstämmen gleich ab. Das Opfertier bekommt kurz vorher Wasser zu trinken. Nachdem Weihrauch auf eine kleine Feuerglut gegeben wird und das Tier angehalten wird, diesen Weihrauch einzuatmen, beten die Beduinen ein Gebet, in welchem sie um Segen für sich, das Ereignis und das Tier bitten und Allah danken. Sobald dieses Gebet zu Ende ist, wird das Tier von zwei Männern hingelegt und ein dritter setzt das Messer an. Das hinausspritzende Blut wird auf die Kohlen mit Weihrauch gerichtet. Vielleicht zuckt das Opfertier noch ein wenig, aber innerhalb sehr kurzer Zeit hat es seinen Körper verlassen.
In diesem Augenblick mache ich eine tibetische Meditation, „Powa“. Die einfachste Art diese Meditation an der Schwelle des Todes durchzuführen ist: Man stellt sich vor, dass der Körper des noch lebenden Tieres wie eine Vase ist. Die Luft innerhalb und außerhalb dieser Vase ist die gleiche. Wenn die Vase zerschlagen wird, vermischt sich die Luft in der Vase mit der Luft außerhalb der Vase. Natürlich stellt man sich in diesem Fall vor, wie der Geist des Opfertieres sich mit dem Großen Geist (wie immer man es nennen möchte) verbindet. Man kann es sich wie strahlendes Licht vorstellen, dass in

einem noch viel größerem Licht aufgeht. Diese Meditation kann man auch bei sterbenden Menschen anwenden.
Zu sehen, dass in nur einigen Minuten ein lebendes Tier zu einem leblosen Körper wird, ist eine beeindruckende Tatsache. Dieser Körper, der leblos da liegt ist wie ein Kleidungsstück, welches ausgezogen wurde …
In kürzeste Zeit wird das Tier fachmännisch gehäutet, geteilt und in einem riesigen Topf mit kochendem Wasser aufs Holzfeuer gegeben. Der Topf steht dabei auf drei großen Steinen. Je nachdem, wie schwer das Tier ist, braucht es zwei bis zweieinhalb Stunden, bis es innerhalb von zehn Minuten aufgegessen ist – und innerhalb weiterer 24 Stunden weiter transformiert wird … Nur die Haut und die nicht essbaren Teile werden noch einige Zeit herumliegen – bis auch diese von irgendwelchen anderen Tieren gegessen oder einfach von der Sonne und dem Wind ausgelöscht werden. All das gehört hier zum Leben. Wie Tag und Nacht. Wie Leermond und Vollmond. Wie Himmel und Erde.
Vor vielen Jahren, als ich zum zweiten Mal über längere Zeit ganz alleine in der Wüste bin, begegnet mir meine eigene Todesangst. Es ist noch am Anfang meiner Zeit im Sinai. Beduinen, ihre Sitten und Gewohnheiten, ihre Art, sind mir noch nicht so vertraut. Ich spreche ihre Sprache noch nicht. Das ergibt sich erst im Laufe der vielen darauf folgenden Jahren.
Obwohl es inzwischen schon sehr lange her ist, erinnere ich mich, wie ich mein Zeltchen und mein Lagerplatz in der Nähe des Ortes aufbaue, wo ich das allererste Mal alleine in der Wüste gelagert habe. Der Platz ist mir vertraut und ich schicke den Beduinen, welcher mich hierher gebracht hat, sehr schnell weg. Ich will einfach alleine sein und die tiefe Stille und den Frieden der Wüste wieder in mich aufsaugen. Immerhin bin ich wieder einige Monate in der normalen, hektischen, westlichen Welt gewesen und ich kann es kaum abwarten, wieder ganz in meiner Wüste anzukommen.
Die Neugierde treibt mich dazu, mich an meinem Schlafplatz vom letzten Mal, kurz über den Berg, umsehen zu wollen. Sind meine Spuren noch da? Liegt noch Holz an meiner Feuerstelle? Ist noch zu sehen, dass ich da gelagert habe?
Ich laufe den Berg hoch und … sehe einen Mann und ein Auto! Ich erschrecke mich und gehe rasendschnell zu meiner neuen Feuerstelle zurück. Mein Herz schlägt in der Kehle und ich bin wie erschlagen. Damit habe ich als allerletztes gerechnet! Ich beruhige mich und überlege, dass dieser Beduine

wohl Holz für Zuhause sammelt und bald verschwinden wird. Ich bin mir sicher, dass er mich nicht gesehen hat.
Als ich an meinem Feuerchen sitze und Tee zubereite, kommen plötzlich hinter einem Berg drei Männer hervor. Wieder erschrecke ich mich und mein Herz klopft wie wild. Ich lege meine Hände auf die Erde, atme tief durch und versuche, irgendeinen vernünftigen Gedanken zu denken. Das funktioniert nicht. So kann ich nur da sein und von Moment zu Moment erfahren, was passiert. Mein Herzschlag beruhigt sich und die Männer setzen sich um mein Feuerchen. Wir trinken Tee. Unter allen Umständen ist das Teetrinken mit Beduinen etwas, an was man sich halten kann. Ein Ritual der Begegnung.
Nachdem wir erst eine Weile schweigend zusammen gesessen sind, erklärt mir einer mit ein paar Worten englisch, dass sie hier sind um Gazellen zu jagen. Sie werden einige Tage hier in der Umgebung in den Bergen sein und anschließend wieder weiter fahren. Alles klar. Das Wissen darum, warum sie hier sind, beruhigt mich erst mal.
Als ich abends in meinem Schlafsack auf der Erde liege und über die mondlose Sternennacht staune, höre ich, dass die Männer kommen! Ich erschrecke mich sehr und habe Angst. Wieder schlägt mir mein Herz in der Kehle … und ich bete, dass sie mich nicht finden mögen. In einem solchen Moment ist keine normale Logik vorhanden. Ich weiß noch nicht, dass Beduinen auch im Dunkeln alles sehen – natürlich finden sie mich und kommen näher. Ich erinnere mich nicht mehr daran, welche Gedanken alle gleichzeitig durch mein Gehirn taumeln, aber es ist eine ungeheuerliche Erfahrung … Als sie bei mir ankommen schenken sie mir frisch gebackenes Brot und gehen wieder.
Ich erkenne die Projektionen meines eigenen Geistes und fange an zu verstehen, wie unsere Emotionen und Gedanken einem fast bis zum Wahnsinn treiben können. Ich habe es ganz klar und deutlich am eigenen Leibe erfahren. In der Leere der Wüste sind viele Sachen leichter zu erkennen, als im Alltag voller Ablenkungen und Beschäftigungen.
Am nächsten Morgen höre ich, wie schon ganz früh und weit weg in den Bergen geschossen wird. Die Männer sind wohl sehr zeitig aufgestanden und zur Jagd aufgebrochen! Zum Frühstück genieße ich das frisch gebackene Brot zum Tee und mache mich auf dem Weg zu einem Baum, unter welchem ich, mit gewaltiger Aussicht auf die Berge und Täler ringsum, den Tag verbringen will.

Auch in den nächsten Tagen gehe ich zu diesem Baum. Bis ich an einem Nachmittag beschließe, doch mal mit einem Umweg zu meinem Schlafplatz zu gehen, damit ich sehe, ob die Männer schon zurückgekehrt sind.
Als ich näher an den Lagerplatz der Beduinen komme, entdecke ich vier Kamele, die mit zusammen gebundenen Vorderbeinen herum laufen. Zu den inzwischen zurückgekehrten drei Männern haben sich noch vier dazu gesellt! Nun sind sie nicht nur drei sondern sieben! Mit großen scharfen Messern sind sie dabei, Gazellen auseinander zu nehmen.
Wieder kriege ich es mit der Angst zu tun. Mein Herz schlägt wild und mir bricht der Schweiß aus. Weglaufen kann ich nicht, denn sie wissen, dass ich da bin. So bleibt mir nichts anderes übrig, als direkt auf sie zu zugehen. Ich drücke meinen kleinen Flickenteppich fest unter den Arm und spüre, wie ich einige Zentimeter wachse, als ich mich in meiner vollen Größe aufrichte.
Bei den Männern angekommen ist es, als ob sie mich schon erwartet haben. Sie sind guter Laune, freundlich, und reichen mir das übliche Glas Tee. Als sie mich einladen, zum Abendessen zu bleiben, lehne ich dankend ab. Es wird dunkel werden und ich werde nicht zu meinem Schlafplatz gehen können. Mir ist nicht danach, neben 7 Männern zu schlafen, die gerade von der Jagd kommen und geschlachtet haben!
Wieder an meinem eigenen Platz kriege ich plötzlich wieder Angst. Was ist, wenn diese sieben Männer sich plötzlich über mich hermachen würden. Wer weiß, wie sie drauf sind, nach all dem Blut und dem hantieren mit den Messern! Die grauenvollsten Szenen tauchen in meiner Vorstellung auf und ich durchlebe intensiv meine eigenen Todesängste.
Ich überlege mir, ob ich bereit bin, zu sterben. Ich blicke zurück auf mein nicht immer leichtes aber sehr reiches Leben und erfahre, dass ich in diesem Moment, wo ich meinen Tod voll und ganz akzeptiere, sehr ruhig werde. Ein unendlicher Frieden und Weite breiten sich in mir aus und es ist, als ob ich in diesem Augenblick tatsächlich einen kleinen Tod sterbe. Die Ausdehnung, die stattfindet, ist kaum zu beschreiben. Es ist eine Einweihung in die Natur des Geistes. Der Tropfen, der zum Ozean zurückkehrt.
Es ist die gleiche Erfahrung die ich machte, als ich akzeptierte, dass meine Kinder zu ihrem Vater ziehen. Auch damals war am Ende eines langen Kampfes die Akzeptanz, die Hingabe, der Durchbruch. Der leere Raum und die Weite. Absoluter Frieden und Stille.

Das ist genau der Raum, welchen wir in der Wüste antreffen!
Worte können es nicht ausdrücken. Man kann es spüren, fühlen, ahnen, wahrnehmen. Sich einlassen, hingeben, hinein entspannen. Es ist jenseits von allem, womit wir uns identifizieren. Jenseits von unserem Job, unserem Auto, unserem Haus, unserem Bankkonto und Kreditkarten, unseren Feinden und Geliebten. Es ist der Raum, woher wir kommen und wohin wir gehen.
In *dem* Augenblick, in dem wir diesen Raum wieder erkennen, wechselt die ganze Perspektive. Aus dieser Perspektive sind unser ganzes Leid und *alles* was uns zutiefst geprägt hat, noch nichtiger als der Schatten eines Sandkorns. Man kann diesen Schatten nicht mehr festhalten. Er löst sich vollkommen auf. Der Traum verblasst. What a blessing! Welch ein Segen!
Die Angst vor dieser Weite lässt uns immer wieder zurückfallen in das Festhalten von vergangenem Leid, weil wir uns darüber definieren. Wir können aber üben, es zu erkennen, wenn die Erinnerungen wieder auftauchen und sie sofort – mit der Kraft unserer Gedanken – in den weiten Raum der Wüste platzieren und die Perspektive ändern. So werden die tiefsten Wunden geheilt. Wir dehnen unsere Grenzen und Begrenzungen aus und fangen an uns langsam aber sicher an unser vollkommenes, göttliches Potenzial zu erinnern. Die einzigartige Qualität und Inspiration der Dimension Sinai unterstützen uns dabei.
An dieser Stelle möchte ich an die 1994 von Nelson Mandela gesprochenen Worte erinnern:
Unsere tiefste Furcht ist nicht, dass wir nicht genügen.
Unsere tiefste Furcht ist es,
dass wir über alle Maßen kraftvoll sind.
Es ist unser Licht, das uns am meisten Angst macht
und nicht unsere Dunkelheit.
Wir stellen uns die Frage, wer bin ich,
so brillant, wunderbar, talentiert und hervorragend zu sein?
Übrigens, wie kommst du dazu, es NICHT zu sein?
Du bist ein Kind Gottes. Dich klein zu halten,
dient der Welt nicht.
Dich klein zu halten,
damit die anderen um dich herum sich nicht unsicher fühlen,
das hat nichts mit Erleuchtung zu tun.

Wir sind geboren, um die Größe Gottes, der in uns lebt,
zu verwirklichen.
Diese Größe ist nicht nur in einigen von uns, sie ist in jedem Menschen!
Und wenn wir unser Licht leuchten lassen, dann geben wir unbewusst anderen Menschen die Erlaubnis
dasselbe zu tun.
Wenn wir selbst frei von Angst sind,
dann sind die Anderen durch unser Dasein auch frei.
Es ist höchste Zeit, über unsere Schatten hinauszuwachsen und uns zu erinnern, wer wir sind. Es ist eine Befreiung, dem eigenen Tod ins Gesicht zu sehen. Daraus erwacht die Freiheit, das Leben voll und ganz zu leben. Jeder Zeit bereit, alles loszulassen und gerade dadurch alles zu empfangen. Dann haben wir nichts mehr zu verlieren!

KAPITEL 24

Die traumgleiche Natur des Seins

Dadurch, dass ich in dieser Periode meines Lebens nie für eine längere Zeit an einem Ort bin, fange ich an, die „traumgleiche Natur des Seins" zu er*leben* und zu verstehen. Ich bin in Deutschland, treffe mich mit meinen Kindern, bin ein „zivilisierter" Mensch. Dann kommt wieder eine kleine Gruppe mit Reiseteilnehmer zusammen und wir fliegen in den Sinai.
Hier warten Beduinen und Kamele, die Stille, der weite blaue Himmel, das Feuer und die Wüste auf uns. Wenn ich ankomme, muss ich mich kurz orientieren und bin nach kurzer Zeit wieder ganz hier. Die Welt dort in Europa ist sehr weit weg und kaum noch in meinen Gedanken vorhanden. Sogar die Temperaturen, der Regen und die Wolken gibt es nicht mehr und sind im Grunde unvorstellbar, hier, wo immer klarer blauer Himmel ist.
Wenn die Teilnehmer am Ende der Reise wieder in den Norden zurückfliegen, bleibe ich noch zwei Wochen. Dann ist es bald wieder so, als ob sie nie da gewesen sind. Vergangenheit. Vorbei.
Wenn ich wieder ins Flugzeug steige, um nach Europa zu fliegen, ist diese ganz besondere Zwischenzeit da, die Zeit zwischen den Welten, in der Weite des blauen Himmels. Immer bitte ich um einen Fensterplatz, damit ich hinaus schauen und diese Weite ganz bewusst in mich aufnehmen kann. Sobald das Flugzeug gestartet ist, verblasst das Erlebnis der letzten Wochen. Dieser Zwischenzustand ist ein Bardo, ein Übergang. Es ist gut, es so hautnah wahrzunehmen und zu erleben.
Beim Start des Flugzeuges bete ich. Ich bete, dass ich mich im Moment des Todes daran erinnern möge, dass mein Tod so sein mag wie ein Flugzeugstart. Alle Kraft wird gebündelt und dann schießt es hoch, in den weiten blauen Himmel, alles hinter sich lassend, dem Licht und der Weite entgegen. Ich wünsche mir, dass ich, wenn meine Zeit gekommen ist, auch mein Bewusstsein so in die Weite der Natur des Geistes „hinausschießen" kann …
Ist nicht das ganze Leben loslassen, weiter gehen, sterben üben? Alles was wir leben wird so konkret, weil wir uns damit so sehr identifizieren. Unser Haus, unser Auto, unser Job, unser Bankkonto, die Freunde, die Arbeitskollegen,

sind so sehr Teil unserer Welt, dass wir uns ganz selbstverständlich mit dieser Realität identifizieren – wir vergessen die ewige Weite, die es darüber hinaus gibt, immer gegeben hat und immer geben wird … und auf die man sich – wann immer und wo immer – einfach einstimmen kann. Es ist immer da, dieser Raum ist immer da, diese Qualität ist immer da – wir vergessen es nur, weil wir so sehr im Strudel des Lebens verwickelt sind.

Wenn das Flugzeug zur Landung ansetzt und manchmal Minuten lang durch die Wolkenschicht hindurch geht, kommt das grüne Land wieder näher. Hier muss ich mich wieder kurze Zeit orientieren. In den ersten Tagen bin ich noch nicht unmittelbar ins Geschehen verwickelt und wenn ich ganz aufmerksam bin, merke ich, wann der Moment kommt und ich wieder ganz „drin" bin. Flutsch.

Es ist so, als ob diese Welt mich dann wieder verschluckt, ich nicht mehr nur Beobachter bin, sondern ein Teil davon. Aber: Ich kann immer besser unterscheiden, drin zu sein und gleichzeitig Beobachter! In dem Moment ist die Wüstenwelt wieder ganz weit weg. Es ist fast unvorstellbar, dass dort immer blauer Himmel ist, Stille und Weite …

Es ist, wie die Wellen im Ozean. Sie kommen und gehen. Meine Wellen sind Europa und der Sinai. Hektik und Stille. Betriebsamkeit und Ruhe. Städte und Natur. Wolken und blauer Himmel. Wolken und Sterne. Ein Rhythmus wie der Mondzyklus, wie Sonnenaufgang und Sonnenuntergang, Tag und Nacht. Und mehr und mehr fange ich an mit dem zu *sein* was *ist*, immer mehr im hier und jetzt, immer mehr an dem Ort wo ich bin, in der Welt wo ich bin.

Jenseits von diesen Welten ist der immer blaue, weite Himmel. So, wie der Urgrund unseres Seins. Jenseits von den Rollen die wir spielen, von allem was wir tun und machen, ist diese Weite, diese Stille, diese ewige Unendlichkeit. Jenseits von allem Leid, Hunger, Kriegen, Erdbeben, Flutwellen, Leben und Tod ist dieser Raum, woher wir kommen und wohin wir gehen. In der Wüste fange ich an, es immer besser – jenseits des Verstandes – zu verstehen. Es ist ein Verstehen, welches im Zellbewusstsein und in der DNA verankert ist. Dieses Verstehen läuft nicht über den Verstand, nicht über das Gehirn. In der Stille kann ich es *er*fassen, aber nicht in Worte fassen.

In der Wüste fange ich an zu verstehen, zu begreifen, zu ahnen, was die Buddhisten meinen, wenn sie die Natur des Geistes wie folgt beschreiben:

„Imagine a sky, empty, spacious and pure from the beginning; its *essence* is like this.

Imagine a sun, luminous, clear, unobstructed and spontaneously present; its *nature* is like this.
Imagine that sun shining out impartially on us and all things, penetrating all directions; its *energy*, which is the manifestation of compassion, is like this: Nothing can obstruct it, and it pervades everywhere."
„Stelle Dir einen Himmel vor, leer, weit und pur von Anfang an; dies ist ihre ESSENZ.
Stelle dir eine Sonne vor, strahlend, klar, ungehindert und spontan anwesend; dies ist ihre NATUR.
Stelle Dir vor, dass diese Sonne bedingungslos auf uns und alle Dinge scheint, in allem, in alle Richtungen eindringend; dies ist ihre ENERGIE, welche die Verkörperung von Mitgefühl ist: nichts kann es aufhalten und es dringt überall ein."
Es ist diese Weisheit, die mich inspiriert und hilft, immer wieder die Perspektive zu ändern. Es ist der Urgrund unserer Existenz, die allumfassende universelle Wahrheit, zu welche ich langsam, Millimeter um Millimeter, wieder zurück finde – weil es einfach in der Stille und Weite der Wüste und der immer wieder sichtbaren Sonne in dem blauen Himmel vorhanden ist. Es kommt in meine Zellen herein, es *ist*, sichtbar und erfahrbar.
Hier findet Heilung auf einer ganz tiefen Ebene statt. Die größte Heilung, die es gibt, ist die Einsicht in die Dimension jenseits von Form und Zeit.

KAPITEL 25

Ein neues Gebiet

An der Weihnachtsreise in diesem Jahr nimmt ein Journalist mit seiner Frau teil. Jeden Tag, während der Zeit in der Wüste, setzt er sich an die gleiche Stelle, ganz hoch oben auf einem Berg, und tut nichts als in der tiefen Stille der Wüste die Veränderung der Schatten, der Farben und des Lichts zu beobachten. Für ihn ist es ein wunderbares „Aha-Erlebnis". Als er wieder zuhause ist erzählt er seinen Freunden davon. Ein Filmregisseur beschließt, diese Frau und ihre Reisen zu filmen. Pfingsten darauf ist das Fernsehteam da und es wird drei Wochen lang gefilmt. Am Ende dieser Zeit will ich, um mich von dem ganzen zu erholen, einige Zeit alleine in die Wüste gehen. Zufälligerweise gibt es kein einziges Auto, keinen einzigen Beduinen, welchem ich vertraue, um mich alleine in die Wüste zu fahren ... Aber es gibt einen Taxifahrer, welcher nach Hause fahren will. Er wohnt in der Nähe des Scheichs, dessen Sohn ich vor einiger Zeit in der Wüste getroffen hatte. So entscheide ich mich, mit dem Taxifahrer mitzufahren und diesem Scheich mal einen Besuch abzustatten und mich in seinem Gebiet umzusehen.
Als ich ankomme sind der Scheich und sein Sohn beide zuhause. Ein guter Zufall. Ich erkläre, dass ich eine Kameltour von 10 Tagen machen will um sein Gebiet zu erkunden, um danach 10 Tage ganz alleine an einem Ort zu bleiben. Kein Problem. Im nu ist alles vorbereitet und zwei Söhne des Scheichs begleiten mich. Die Landschaft ist ganz anders als die, die ich bis jetzt bereist habe – viel weicher, weiter und weiblicher – im Gegensatz zu den eher schroff und männlich aussehenden Bergen des südlichen Sinai. Nach der Kameltour werde ich, wie besprochen, alleine in einem Tal abgesetzt. Zu diesem Zeitpunkt ahne ich noch nicht, dass dies anschließend der Platz für viele meiner Gruppen werden wird.
Als ich nun ganz alleine hier sitze, kommt eines Tages ein Auto mit drei Beduinen angefahren. Sie erklären mir, dass sie gehört haben, der Sohn des Scheichs sei hier mit einer Ausländerin. Nun ist der Sohn des Scheichs aber nicht hier – nur die Ausländerin. Sie haben dem Scheichsohn eine Ziege zum Schlachten mitgebracht, als Höflichkeitsbezeugung. Sie überlegen eine Weile

und beschließen, die Ziege trotzdem – nun mit mir – zu schlachten. Eine riesige Ehre! Insgeheim empfinde ich es als eine Art Zeichen, welches mir sagt „Willkommen in diesem Gebiet“.
Im September des gleichen Jahres führe ich meine erste Gruppe an diesen Platz. Der Platz wird im Laufe der Jahre „mein Platz“, wo ich immer wieder ganz besondere und tiefe Erlebnisse mit Gruppen habe, ich kenne jede Ecke, jeden Winkel, fast jeden Stein … Dieser Platz wird mir so vertraut und „heilig“, wie ein intimes zuhause. Weit und breit gibt es keinen solchen Platz, beschützt und eingebettet in der Landschaft. Es ist, als ob ich mit diesem Platz verschmelze – ich bin der Platz, und der Platz ist ich.

KAPITEL 26

Mein eigenes Wüstenhäuschen

Kurze Zeit darauf bietet der Scheich mir an, ein Häuschen für mich zu bauen, etwa eine Stunde zu Fuß von seinem Dorf entfernt. Die Stelle, wo es gebaut werden soll, liegt direkt gegenüber des Berges, worauf die Reste des Tempels der Göttin Hathor – Göttin der Liebe, des Gesanges und des Tanzes - stehen. Ein sanfter Kraftplatz, mitten in der Wüste Sinai.

Meine Freundin aus Deutschland, bei welcher ich in den letzten Jahren immer wohnen durfte, kauft sich zur gleichen Zeit in Deutschland ein Häuschen mitten in der Natur und gibt ihre Wohnung auf. Für mich ist nun kein Platz mehr. So ist es ein willkommener Zufall, dass ich nun ein Wüstenhaus angeboten bekomme, welches drei Beduinen mir in drei Monaten aus Wüstensteinen bauen werden.

Weil ich noch eine Lebensversicherung in Deutschland habe, kann ich mir das nötige Geld von meiner Bank in Deutschland leihen. Wir machen einen Vertrag und der Bau beginnt. In der Zeit lasse ich mich auf wenig Distanz zur Baustelle mitten in der Wüste nieder und beobachte das Voranschreiten der Arbeit.

Als das Häuschen halbwegs fertig ist, brauchen sie mehr Geld, um ein Auto zu kaufen, welches das nötige Wasser an die Baustelle bringen soll und auch Steine aus weiterer Entfernung, weil die Umgebung des Häuschens nun erschöpft ist. Was tun? Soll die Baustelle eine Baustelle bleiben und alles was ich bis jetzt investiert habe in den Sand gesetzt werden?

Als nach der Weihnachtsreise das Haus fertig ist, ziehe ich ein. Ich gebe dem Scheichsohn die noch ausstehende Geldsumme und lasse mich tief in der Wüste nieder. Ich bin nun stolze Hausbesitzerin und denke, dass ich nun tief in der Wüste wohne, so wie ich es schon so oft gemacht habe, nur mit dem Unterschied, dass ich nun nicht mitten in der Wüste zwischen den Steinen sitze, sondern „im eigenen Haus“…

Es kommt alles etwas anders, als ich gedacht hatte. Ich spreche noch nicht viel arabisch, erst recht nicht den Beduinendialekt aus dieser Gegend. Womit ich als allerletztes gerechnet habe, ist, dass ich die Sehenswürdigkeit für Be-

duinenkinder und Beduinenfrauen, die mit Ziegen und Schafen durch die Wüste ziehen, werde! Und ich bin nicht nur eine Sehenswürdigkeit – sie denken auch, dass ich einen Supermarkt mit Cremes und Leckerbissen *und* einen unerschöpflichen Geldbeutel da habe!
Nach einer Woche gehe ich zu Fuß zum Haus des Scheichs, um Hilfe zu holen. Ich möchte, dass der Sohn, der englisch spricht, seinem Vater übersetzt, dass ich ihren Schutz vor den vielen Menschen brauche und er möge ihnen sagen, dass ich einfach nur in Ruhe dort leben möchte.
Der Sohn ist nicht da. Mit Händen und Füßen versuche ich klar zu machen was ich brauche, das wird aber nicht verstanden. Ich „frage", wann der Sohn wieder kommen wird und sie „sagen" mir, dass es sich nur um ein paar Tage handelt.
Aus den paar Tagen werden sechs Wochen! Wenn ich während dieser Zeit frage, wann er denn nun kommt, wird immer wieder gesagt, in höchstens 2, 3 Tagen … Ich bin der Verzweiflung nahe! Als er endlich auftaucht, am Ende der längsten sechs Wochen meines Lebens, stellt sich heraus, dass er mit dem Geld, welches er von mir bekommen hat, das alte, aus mehreren anderen Fahrzeugen zusammen gebastelte Auto seines Vaters gekauft hat. Mit diesem Auto ist er zwecks Reparatur und Verschönerung des Fahrzeuges nach Suez in eine Werkstatt gefahren und die Reparatur hat halt so seine Zeit gebraucht … Ganz normal und ganz selbstverständlich.
Sie, die Beduinen, können nicht verstehen, dass es für mich nicht so selbstverständlich und normal ist in einer total neuen Welt zu sein, wo ich die Menschen nicht verstehe und mich unbeschützt und fremd fühle. In ihrer Welt gibt es das einfach nicht. Sie sind so sehr in ihren Familien und in den Stamm eingebettet, dass eine solche Erfahrung für sie gar nicht existiert.

KAPITEL 27

Die Wüste „rettet“ mich immer wieder

Zum Glück kommt auch wieder eine Gruppe aus Deutschland zu mir in den Sinai, nachdem der Winter vorbei ist, und ich treffe wieder Menschen, die für mich „normal“ sind. Welch ein Aufatmen! Ich spüre mich wieder, fühle mich wieder als normaler Mensch. Wenn es meine Liebe für die Wüste, für die Stille, für das Feuer, für die Sterne und den endlos weiten blauen Himmel nicht geben würde, wäre ich spätestens jetzt mit der Gruppe nach Deutschland zurückgereist.
Die Wüste hat mich immer wieder „gerettet“, weil sie mich in Kontakt mit der zeitlosen Zeit der Ewigkeit und mit der endlosen Weite des Universums bringt – die mir helfen, die Perspektive zu wechseln und diese andere Dimension spürbar und sichtbar kennen zu lernen und zu erforschen. Diese Dimension, welche die heilende Kraft der Wüste ausmacht.
Wenn ich in irgendwelchen Gefühlen „stecke“ ist es, als ob ich einen Sack über dem Kopf habe und nichts anderes mehr wahrnehmen kann. Zumindest kann ich das erkennen – nur ist es nicht immer leicht, mich von den „Sack“ sofort zu befreien. Manchmal dauert es ein paar Tage.
Als die Gruppe weg ist wird mir vorgeschlagen, nun nach Beduinensitte alle Scheichs der Gegend einzuladen, damit sie um Segen für mich und mein Haus bitten. Bei der Gelegenheit sollte ich einen Hammel zum schlachten spendieren. Ich beschließe, mich an die Sitten des Landes anzupassen und wir legen ein Datum für dieses Ereignis fest. Es kommen etwa zwanzig Scheichs und auch drei Frauen. Die Männer schlachten den Hammel, welchen ich spendiere, und die Frauen sind dafür zuständig, in meiner kleinen Küche Salat zu schnippeln und Brot zu backen. Und … ich werde bei den Frauen abgestellt!
Ich bin sauer! Ich bin doch die Gastgeberin und habe den teuren Hammel spendiert! Uffffff! Ich koche innerlich! Für die Frauen ist es selbstverständlich, dass ich bei ihnen sitze, und nebenbei bitten sie mich um die üblichen Cremes, Parfums und Geld. Vom reichlichen Fleisch bekommen wir eine Frauenportion ab.

Nach dem Essen, zum Tee, werde ich in die Männerrunde geladen. Nun wird mir aber auch ganz anders. Meine Knie schlottern und ich zittere innerlich, wie noch nie in meinem Leben.

Kurz nachdem der Tee getrunken ist machen sich alle auf. Nach kurzer Zeit ist es so, als ob sie nie da gewesen wären, bis auf ein paar Knöchelchen die im Sand stecken.

Als wäre es ein Traum gewesen … Die Stille der Wüste, die Sterne und mein eigenes kleines Feuerchen lassen mich wieder bei mir und in die ewige Zeit des Jetzt ankommen.

Es ist, als ob die blanke Leinwand, auf welcher gerade ein Film gezeigt wurde, wieder Raum für die Leere macht, in welcher was immer geschehen kann, aber nichts geschehen muss. Bevor ich mich an diesem Abend schlafen lege, auf der Erde unter den Sternen, frage ich mich: „Was ist Wirklichkeit?“

KAPITEL 28

Die Geburtstagstorte

Es kommt wieder eine Gruppe aus Europa zu mir in die Wüste. Zum ersten Mal mache ich in diesem Gebiet eine Visionssuche mit den Teilnehmern. Für die Beduinen ist es das erste Mal, dass die Menschen vier Tage alleine sein werden und eigentlich wissen sie noch nicht so genau, was auf sie zukommen wird.
Einer der Teilnehmer ist Ministerialbeamter aus Bonn. Er hat einen großen geheimnisvollen Koffer dabei, der auch auf das Kamel geladen werden muss, um auf die andere Seite des Passes zu gelangen. Als wir dort in unserem Beduinenzelt ankommen stellt sich heraus, dass sich in diesem Koffer ein Klappstuhl befindet. Der Thron für die Vision.
Während der Visionssuche lässt er sich in der Nähe des Beduinenzeltes nieder und die Beduinen bringen ihn, für ein extra Trinkgeld, jeden Tag seine fertig zubereiteten Mahlzeiten. Es gibt solche und solche Visionen – diese gelebte Vision hat bestimmt auch ihre eigene einzigartige Gültigkeit.
Während der Zeit, als die Teilnehmer alleine an ihrem Platz sind, hat eine Teilnehmerin Geburtstag. Das hatte ich schon vor der Reise den Beduinen mitgeteilt. Nun kommt an dem Tag vor ihrem Geburtstag der jüngste Sohn des Scheichs zu uns mit einer Schachtel in welcher sich – ich muss mehrmals hinsehen, weil ich meinen Augen nicht traue – eine Geburtstagstorte befindet. Diese Torte wurde zur Feier des Tages aus 300 Km Entfernung von Suez mit einem Taxi an der Küste entlang und danach mit einem Beduinenauto durch den Sand bis ins Beduinendorf gebracht, von wo aus der jüngste Scheichsohn sie zu Fuß durch die letzte Strecke und über den Pass zu uns brachte.
Nur sind die Teilnehmer alle an ihren eigenen Plätzen! Die Torte wird, bis sie wieder zurückkommen, eingehen. So muss ich machen, was in diesem Moment ansteht: Ich besuche ganz vorsichtig und mit ganz viel Umsicht jeden Teilnehmer an seinem Platz und schlage vor, dass wir am nächsten Tag, dem Geburtstag, mitsamt Torte zu ihr gehen um zu gratulieren.
Alle sind einverstanden. So macht sich unsere kleine Prozession am nächsten Morgen in Richtung des Geburtstagskindes auf. Die Teilnehmer, die Bedui-

nen, ich und die Torte. Zufälligerweise hat ausgerechnet das Geburtstagskind sich am weitesten vom Basislager entfernt.
Es ist ein weiter Weg. Von weitem sehen wir sie schon an ihrem Platz und, wie sie uns nachträglich erzählt, traut sie ihren Augen nicht, als sie unsere kleine Gesellschaft der Gratulanten kommen sieht. An ihrem Platz angekommen machen die Beduinen Feuer, kochen Tee und wir essen die Schokoladentorte – tief in der Wüste. Es war der Geburtstag ihres Lebens. Nicht nur für das Geburtstagskind. Ich würde sagen: für uns alle!
Als wir wieder an der Küste sind hat auch der Ministerialbeamte Geburtstag. Seinen Geburtstag feiern wir, indem wir in einem 5-Sterne Hotel Cocktails trinken gehen, in einem wunderschönen Pavillon mit Aussicht auf das Rote Meer, auf die Berge der Wüste und auf den Sonnenuntergang.
Das ist die Kreativität im leeren Raum, in welchem alles möglich ist.

KAPITEL 29

Die Beduinenfrauen

Mein Leben in meinem Häuschen tief in der Wüste Sinai nimmt seinen Lauf. Ich will meinen Widerstand gegen die immer wiederkommenden Frauen sausen lassen und versuche, mich mit ihnen anzufreunden. Ich besorge mir die Beduinenkleidung, wie sie die Frauen in der Wüste tragen: ein langes, hochgeschlossenes, langärmeliges Kleid, einen Schleier, welcher auch das Gesicht verdeckt, und darüber einen langen, schwarzen Mantel. In dieser Montur verbringe ich viele Stunden mit den Frauen, den Ziegen und den Schafen in der Wüste. Sie backen Brot im Sand und kochen Tee in leeren Blechdosen. Langsam fangen wir an uns anzunähern und für einander Mensch zu werden. Auf einer ganz einfachen, kindlichen Art und Weise, haben wir viel Spaß zusammen.

Diese Frauen wurden bereits als ganz kleine Mädchen beschnitten. „Sauber gemacht", wie es genannt wird. Wenn sie ihre Tage bekommen, wird das Kopftuch durch den Schleier ersetzt. Ab dann ist ihr Gesicht nicht mehr sichtbar – das Mädchen wird nun endlich stolze Schleierträgerin – und heiratsfähig.

Wenn sie Glück hat, wird sie einen etwa gleichaltrigen Mann haben – wenn sie Pech hat, vielleicht einen der dem Alter nach ihr Vater oder sogar Großvater sein könnte. So bald sie verheiratet ist, wird ihr eigener Name Tabu sein und in Vergessenheit geraten. Sie wird „die Frau von …". Wenn das erste Kind auf die Welt kommt, wird sie die „Mutter von …". Sollte nach mehreren Töchtern ein Sohn geboren werden, wird der erstgeborene Sohn sie mit seinem Namen jetzt zur „Mutter von …" machen.

Für einige Zeit ist es ganz lustig und nett, mit den Frauen zusammen zu sein, aber mehr als „Spaß haben" ist es nicht. Sobald ich ein intimeres Gespräch anfangen möchte, wird sofort abgelenkt oder das Thema wird ins lächerliche gezogen. Auch merke ich, dass ich dabei bin, bei den Männern „mein Gesicht zu verlieren"! Sie fangen an mich immer mehr so zu behandeln, wie sie ihre eigene Frauen behandeln: sie halten sich nicht an Verabredungen, lassen mich manchmal tagelang warten, wenn wir ein Treffen vereinbart haben. Ich fühle mich zunehmend unwohl, abhängig und unfrei.

Die Stille und Weite der Wüste, das Feuer und die Sterne, der wachsende und abnehmende Mond, dieses Gefühl, eingebunden zu sein in etwas viel Größerem, mit einer eigenen Gesetzmäßigkeit, verbinden mich mit dem, was jenseits von diesem „Film“ ist und lassen mich mehr und mehr in ein Bewusstsein des allumfassenden Großen Ganzen hineinwachsen. Ich bin unendlich dankbar dafür, dass ich die Möglichkeit habe, bewusst die Perspektive zu wechseln!
So beschließe ich ein Auto zu kaufen. Ich muss unbedingt meine Eigenständigkeit und Freiheit wieder erlangen! Die Beduinen finden es eine gute Idee und der Scheichsohn macht sich sofort auf nach Kairo.
Nach etwa zehn Tagen kehrt er wieder und hat „einen super guten Jeep“ gefunden. Ich will mit nach Kairo um zu sehen, in was für ein Auto ich mein Geld investiere. Er meint, das wäre nicht gut, weil sich der Preis sofort verdoppeln wird, wenn sie mich, eine Ausländerin, sehen. Da ich schon einige Erfahrungen im Basar gesammelt habe, kann ich das nachvollziehen. Es macht Sinn.
Nach einigen Tagen kommt er wieder. Anstatt des weißen Autos, wovon die Rede war, ist es ein schwarzer Jeep. Schwarz! Wie die schwarzen beschnittenen Frauen ohne Gesicht. Das Auto gefällt mir auf Anhieb nicht.
Im Laufe von ein paar Monaten geht alles kaputt an dem Auto, die Sonne, der Sand und der Wind zeigen ihre Wirkung. Die Türen lassen sich nicht richtig schließen und alles klappert. Ich soll Sandfahrunterricht bekommen. Obwohl ich schon viele Jahre meinen Führerschein habe und hunderttausende Kilometer gefahren bin, ist das Fahren im Sand eine ganz andere Geschichte.
Ich meine, mich beim Fahren genau so zu verhalten wie die Beduinen es tun, aber man scheint diese Fahrkunst im Blut haben zu müssen. Ich bin jedenfalls ziemlich untalentiert. Vielleicht liegt es auch daran, dass ich diesem Auto nicht traue. Als dann auch noch der Allradmechanismus des Autos streikt, war es das erst mal.

KAPITEL 30

Ein Apartment am Golf von Suez

Ich bekomme ein Apartment fast direkt am Meer angeboten, direkt mit Blick auf dem Golf von Suez. Darin können wir ein Büro machen. Es hat drei Zimmer. Ein Zimmer für mich, ein Zimmer für das Büro und ein Zimmer für den Beduinen, welcher allerdings nicht dort leben wird.
Die Aussicht ist wirklich gewaltig. Der Block ist ganz neu und es wohnt noch kaum jemand da – es ist sehr ruhig und im Vergleich zu den Touristenorten im Sinai relativ günstig. Es muss nur verputzt und angestrichen werden, die Elektroleitungen müssen gelegt, die Telefonleitung eingerichtet und das Badezimmer ausgestattet werden.
Es ist mir einen Versuch wert, da ich zu diesem Zeitpunkt nicht genug besitze um etwas Besseres zu bezahlen. Ich beschließe, mich darauf einzulassen. Immerhin ist die gewaltige Sicht auf den unglaublich blauen Golf von Suez und die Berge des ägyptischen Festlandes da – nach so viel Wüste inspiriert es mich sehr! Es gibt mir auch die Möglichkeit, je nach belieben, mal eine Zeit in meinem Wüstenhaus und mal hier zu sein.
Nach einigen Wochen ist das Apartment bezugsfertig. Ich atme auf, habe fließendes Warmwasser und genieße erst mal die Badewanne, die ich habe installieren lassen!
Nach all den Jahren auf Wanderschaft und in der Wüste ist es richtig luxuriös in diesem kleinen Apartment! Zumal ich immer alleine drin bin. Das ändert sich aber, als nach Verlauf von einigen Wochen immer wieder eine Horde Beduinen auftaucht, die sich duschen, das ganze Badezimmer bis zur Überschwemmung voll spritzen, Tee trinken und schlagartig wieder verschwinden – ein riesiges Chaos hinterlassend. Für sie ist es das Paradies: so viel fließendes Wasser zu haben. Verständlich. Mir wird es aber bald zu viel.
Und siehe da – es gibt eine Lösung! Ich kann ein Apartment im obersten Stockwerk für mich ganz alleine bekommen. Die Aussicht ist noch besser und ich werde meine Ruhe haben.
Die Handwerker aus Suez sind gerade da und es wäre sehr schwierig und es würde sehr lange dauern, sie wieder zu bekommen, wenn wir sie jetzt gehen

lassen, weil sie dann mit anderen Aufträgen beschäftigt sind. So fangen sie an zu arbeiten.
Ich bin den Beduinen dankbar dafür, dass ich überhaupt in dieser Wüste als Europäerin sein kann und dadurch soviel Heilung und Heiliges erfahre. Zu dieser Zeit besitze ich nicht genug, mir etwas anderes zu leisten als ein solch einfaches Apartment zwischen Einheimischen an der Westküste des Sinai, wo es keinen Tourismus gibt. Offensichtlich habe ich mir eine neue Wachstumschance und Herausforderung kreiert.

KAPITEL 31

Die Wüstenmenschen

Wenn bei den Beduinen ein Kind geboren wird, wird es während der ersten 40 Tage sehr beschützt. Meistens wird nicht einmal der Name bekannt gegeben, damit das Kind nicht durch das „Böse Auge“ verflucht werden kann. Während dieser ersten Wochen hält die Mutter ein kleines Glöckchen bereit, welches sie klingeln lässt, sobald sie irgendeinen Lärm hört, welcher das Kindchen erschrecken könnte.

Nachdem das Kind geboren ist, wird ein Tier geschlachtet, um sich bei Allah für die Tochter oder den Sohn zu bedanken. Die Beduinen *sagen* mir, dass es ihnen gleich ist, ob sie einen Sohn oder eine Tochter bekommen – hauptsächlich gesund. Es ist aber eindeutig, dass ein Junge eine ganz andere Stellung in der Familie hat, als ein Mädchen. Die Aufgaben der Mädchen sind in erster Linie, der Mutter behilflich zu sein und in der Wüste die Tiere zu hüten – bis sie heiraten.

Kleine Jungen werden sehr darin unterstützt, mutig zu sein und keine Angst zu haben. Das ist eine wichtige Voraussetzung, um in der Wüste überleben zu können. So kam einmal ein Mann mit seinem Kamel, um mich mit meiner Gruppe samt Gepäck über einen Berg zu bringen. Dem kleinen 4-jährigen Sohn, welchen er mitgebracht hatte, gab er die Zügel dieses riesigen Kamels in die Hand und sagte ihm, er solle das Kamel über den Pass führen. Ohne zu zögern war der Kleine sofort ganz in seiner Rolle als Kamelführer dabei.

Es gibt eine Hierarchie unter den Männern, die den Umgang miteinander sehr erleichtert. Es ist einfach klar, wer das Sagen hat. Im Stamm gibt es immer einen Stammesführer, den Obersten Scheich. Danach kommen Scheiche, die kleineren Dorfgemeinschaften oder den Bewohnern eines bestimmten Tals vorstehen.

Vor vielen Jahren waren die Aufgaben eines Scheichs auch religiöser Art. Wenn ich heute ein Mausoleum eines vor Jahren verstorbenen Scheichs besuche, spüre ich die immer noch vorhandene kraftvolle Schwingung und Ausstrahlung an diesem Ort. Im ganzen Sinai sind viele dieser Mausoleen

vorhanden, zu erkennen an einem kleinen weißen Kuppelchen auf dem Dach.
Heutzutage sind die Aufgaben der Scheiche sehr viel „weltlicher". Sie sind in erster Linie eine Verbindung zwischen den staatlichen Behörden und den Beduinen. Wenn zum Beispiel eine Behörde einen Beduinen sucht, wird der für ihn zuständige Scheich herbeizitiert – er soll dann dafür sorgen, dass der Mann gefunden wird.
Eine weitere Aufgabe eines Scheichs ist, der Rechtsprechung unter den Beduinen vorzusitzen. Die internen Gesetze der Beduinen sind sehr streng. Hier ein Beispiel für einen Streitfall: Ein Mann fährt mit seinem Auto durch die Wüste, als ein Kamel plötzlich hinter einem Felsen hervorkommt. Der Mann kann nicht mehr bremsen und überfährt das Kamel. Das Kamel stirbt und das Auto ist total demoliert. Nun muss der Scheich entscheiden, wer Schuld ist und wer den Anderen entschädigen muss – der Mann mit dem Auto oder der Besitzer des Kamels.
Auch für medizinische Versorgung ist der Scheich zuständig. Wenn jemand tief in der Wüste eine Spritze bekommen muss, wird der Scheich diese geben. Sollte jemand dringend Hilfe benötigen, wird der Scheich gerufen. Für Geburten allerdings ist er nicht zuständig – das übernehmen die alten weisen Frauen des Stammes, oder ein Krankenhaus.
Wenn eine Scheichfamilie sehr mächtig ist, wird der Scheichstatus beim Tod des Oberhauptes direkt vom ältesten Sohn übernommen. Im Grunde kann sich aber jeder in den Scheichstand erheben lassen, der genügend Männer hinter sich hat, die ihn als Scheich akzeptieren. Allerdings habe ich auch den Eindruck, dass die Männer sich ab einem bestimmten Alter alle „Scheich" nennen – ohne jedoch alle diese Zuständigkeiten zu haben.
Das Beduinensystem funktioniert einwandfrei. Wenn irgendwelche Schwierigkeiten sind oder „Not am Mann" ist, halten sie alle zusammen. Einmal werde ich direkter Zeuge davon.
Wir sind mit einer Gruppe tief in der Wüste und sitzen abends um das Feuer, als plötzlich von einer Teilnehmerin die aufblasbare Schlafunterlage vorbei geflogen kommt. Komisch, denn sie hat ihre Tasche darauf gestellt! Sie geht an ihren Schlafplatz und entdeckt, dass ihre Tasche nicht mehr da ist. Sofort kommt sie zum Feuer zurück und erzählt uns, was sie gesehen hat. Nun gehen alle Teilnehmer zu ihren Schlafplätzen und stellen fest, dass auch ihre Taschen nicht mehr da sind! Natürlich sind wir alle sofort hellwach. Zu-

fällig ist gerade ein Beduine mit einem Auto bei uns, der uns Nachschub für die Küche gebracht hat. Er und ein anderer Beduine springen sofort ins Auto und verschwinden in die dunkle Nacht zur nächstgelegenen Beduinensiedlung. Von dort gehen sofort alle Männer, die ein Auto haben, in die nächsten Beduinensiedlungen, von wo aus auch diese Beduinen wieder sternförmig in die nächsten Siedlungen gehen.
Innerhalb einer Stunde sind etwa fünfzig Männer bei uns, die anfangen, ganz minutiös das Gelände zu durchkämmen. Die ganze Nacht suchen sie das Gebiet ab und bringen *alles,* bis auf die kleinsten Kleinigkeiten, zu uns zurück ans Feuer! Nichts fehlt! Wir sind sehr beeindruckt und für die Gruppe kommt es überhaupt nicht in Frage, unsere Reise abzubrechen. Im Gegenteil – nun sind wir noch viel motivierter, um uns auf diese Wüste einzulassen, wir spüren, dass wir in besten Händen sind.
Im Nachhinein erfahren wir, dass ein Wüstensohn, der von seiner Familie verbannt wurde, weil er drogensüchtig war, uns entdeckt hatte und auf der Suche nach irgendeinen „Stoff" sich über unsere Taschen hergemacht hatte.
Durch dieses Erlebnis wird mir klar, wie wichtig es ist, mit den Beduinen auf gutem Fuß zu stehen. Am Anfang meiner Zeit mit den Gruppen hatte ich mich manchmal gewundert, wenn abends bei unserem Feuerplatz mir unbekannte Beduinen auftauchten und selbstverständlich bei uns mitaßen. Die Sitten der Beduinen schreiben vor, dass man einen Gast in der Wüste nicht wegschicken darf. Als ich versuchte klarzumachen, dass wir doch eine ganz besondere Gruppe sind und eigentlich keine „Außenseiter" gebrauchen können, erklärte mir der Beduine, dass man nie wissen könne, wann man einen solchen „Gast" mal dringend brauchen würde …
So ist es. In die Wüste gehen bedeutet, sich auf „was immer" einzulassen. Es bedeutet Hingabe zu allem, was ist und zu allem, was kommen wird. Es ist keine durch und durch geplante Reise und kein Programm, welches man einfach durchführt. Es ist das Leben pur! Hier können wir *leben* und flexibel sein. Wir gehen in einen offenen Raum, weit ab von der bewohnten Welt, und wissen nicht, was hinter der nächsten Ecke auf uns wartet. Auch deshalb ist es so unendlich wichtig, meine Plätze in der Wüste, an welchen wir längere Zeit bleiben wollen, sehr sorgfältig auszusuchen und zu hüten.
In der Wüste habe ich gelernt, zu beten. Um Schutz zu bitten. Zu bitten, dass ich erkennen möge, wann eine Gefahr droht. Zu bitten, dass Hilfe da sein möge, wenn ich sie brauche. Wenn ich mich abends auf die Erde und

unter den Sternen zum Schlafen lege, ist es absolut selbstverständlich, um Schutz für die Nacht zu bitten. Wenn ich mit einer Gruppe in die Wüste gehe, ist es genauso selbstverständlich, um Schutz und Führung für die Reise zu bitten und die Kräfte einzuladen, die uns während der Zeit in der Wüste beschützen mögen. Genau so, wie die Beduinen es tun.
Die Beduinen sind Moslems. Sie beten fünfmal am Tag. Es ist das natürlichste, was man in dieser gewaltigen Natur tun kann. Es ist auch sehr berührend zu sehen, wie ein Mensch sich in dieser Landschaft verneigt und die Stirn auf die Erde legt, um danach wieder in seiner vollen Größe aufzustehen. Auch ihre Sprache ist durchwebt mit dem Göttlichen – zu jeder Gelegenheit sagt man „Al Hamdulilah“, Gott sei gedankt, und „Inshah´Allah“, so Gott will. Selbstverständlich ist dies auch in meine Sprache eingegangen, das hat sich im Laufe dieser vielen Jahre nicht vermeiden lassen, es gehört einfach zum Wüstenleben dazu.
Am Ende einer Reise ist es üblich, sich bei den guten Kräften und Allah dafür zu bedanken, dass wir es alle heil überstanden haben. Nach moslemischer Sitte wird dann eine Ziege oder ein Hammel geschlachtet – was den Beduinen nach der schweren Arbeit natürlich auch sehr gefällt und gut tut.
Viele Beduinen sind tatsächlich noch in ihren Zelten in der Wüste unterwegs. Für sie ist es selbstverständlich, so in der Natur und in dem religiösen Zusammenhang eingebunden zu sein, wie ihre Vorfahren es schon seit Jahrhunderten waren. Andere Beduinen haben inzwischen auch Häuser, entweder aus Wüstensteinen oder aus Zementsteinen – alle nach dem gleichen Modell: Ein rechteckiges Gebäude, in den hinteren Ecken jeweils ein Schlafzimmer für Eltern und eins für die Kinder, in der linken vorderen Ecke neben dem Eingang eine „Küche“ mit einer Feuerstelle und einigen Töpfen und daneben ein „Badezimmer“, wo ein Behälter mit Wasser steht, woraus man schöpfen kann, um von Zeit zu Zeit zu „duschen“. Fürs „große Geschäft“ ist draußen irgendwo ein Platz vorgesehen. Im Haus rechts neben der Eingangstür ist wieder eine Feuerstelle, wo man Gäste empfängt. Hier liegen lange schmale Teppiche auf dem Boden, auf welchen die Besucher sich niederlassen können. Männer bekommen eine zusammengerollte Decke angeboten, damit sie sich gemütlich auf die Decke stützend hinlegen können. Der übliche Tee wird hier zubereitet und getrunken. Der Boden dieses Zimmers ist einfacher Sand. Manchmal ist auch draußen noch ein Sonnendach, wo die Gäste in der warmen Jahreszeit empfangen werden. Neben dem Haus

ist meistens ein großer Wasserbehälter, der von Zeit zu Zeit mit Wasser aus einem Brunnen aufgefüllt wird und woraus man für den täglichen Gebrauch schöpfen kann.
Die Beduinen, die inzwischen solche Steinhäuser haben, besitzen jedoch meistens auch ein Beduinenzelt, welches die Frauen aus gesponnenem Ziegen-, Schaf- und Kamelhaar gewebt haben. Wenn es im Winter geregnet hat und im Frühjahr die Pflänzchen sprießen, treffen sie sich mit den Zelten in bestimmten Gegenden, damit ihre Tiere – Schafe, Ziegen und Kamele – sich in dieser Zeit satt essen können. Die meisten Beduinen freuen sich sehr auf diese Zeit, weil es einfach in ihrer Natur liegt, nicht sesshaft zu sein. Spätestens im Herbst sind sie dann wieder bis nach dem Winter in den Häusern. Das Leben in den Zelten ist doch sehr hart, vor allem in dem manchmal sehr kalten Winter tief in der Wüste, wo in den höher gelegenen Gegenden ein eisiger Wind pfeifen kann.
Für viele junge Beduinen ist das harte Leben tief in der Wüste inzwischen unattraktiv geworden. Sie träumen davon, ein Auto zu besitzen, und ein Haus an der Küste mit fließendem Wasser, Kühlschrank und Fernseher. Sie werden Taxifahrer in den Touristenorten, Lastwagenfahrer, die Steine und Sand für den Bau der Fünf-Sterne Hotels aus der Wüste transportieren, oder solche, die einen kleinen Supermarkt aufmachen und mit einem klapprigen Auto in der Wüste von Beduine zu Beduine fahren, um dort ihre Ware zu verkaufen. Zum Glück gibt es aber auch noch viele, die in der Wüste bleiben und die Traditionen, das Wissen über die Wasserstellen, die Heilpflanzen und das Spurenlesen aufrechterhalten.

KAPITEL 32

Ein Beduinenfest

Das Leben im Sinai ist voller Gegensätze. Manchmal ist es die Hölle und manchmal ist es absolut himmlisch und es ergeben sich unvorhergesehene Zufälle aus dem Nichts heraus. Licht und Schatten. Schatten und Licht.
Für eine Reise in der Wüste Sinai haben sich 16 Teilnehmer angemeldet. Eine große Gruppe. Zuerst frage ich mich, ob es nicht zu viel ist, mit so einer großen Zahl von Menschen eine solche Reise zu unternehmen, aber es stellt sich heraus, dass es das Beste ist, was uns hätte passieren können. Die große Teilnehmerzahl veranlasst den Beduinen etwas zu inszenieren, was es noch nie gegeben hat.
Einmal im Jahr trifft sich jeder Beduinenstamm im Sinai zu einem einmaligen Fest, die Zoara. Von überall her kommen alle Familienzugehörigen des Stammes zusammen. Im Falle des Stammes mit welchen ich nun zusammen arbeite, ist der Platz eine große, weite Sandfläche, um das Mausoleum des Urvaters dieses Stammes herum. Hier stellen die Familien eine lange Reihe aus Beduinenzelten auf und in jedem Zelt wird ein Hammel geschlachtet, als Dank dafür, dass das vergangene Jahr ihnen all das gegeben hat, was man zum Leben braucht. Es ist ein Fest, welches sich über die Jahrhunderte, als die Beduinen wirklich nur auf Wanderschaft waren und sich nur ganz selten trafen, entwickelt und gehalten hat, damit sie einmal im Jahr alle zusammentreffen.
Abends, wenn der Hammel verzehrt ist und alle sich gegenseitig besucht und begrüßt haben, wird ein großes Fest gefeiert. Die Männer stellen sich in langen Reihen nebeneinander auf und singen, klatschen und trommeln auf leeren Wasserkanistern in der dunklen Wüstennacht. Es gibt ganz viele von den Männergruppen, die alle gleichzeitig, jede Gruppe in der eigenen Art und Weise – mal ganz getragen, ganz stürmisch, laut, leise, temperamentvoll oder sanft - ihre Lieder singen.
Die Frauen setzen sich, verschleiert, in ihren dunklen schwarzen Mantel gehüllt und mit einem zusätzlichen großen Schleier, bestickt mit Pailletten in vielen Mustern, in einer kleinen Gruppe vor die singenden Männer. Eine

nach der anderen steht jetzt eine Frau auf und tanzt, tief verschleiert und unerkennbar, vor den Männern. Es ist ein großes Risiko, denn, tanzt eine Frau nicht gut genug, so hören die Männer auf zu singen!
Nun ergibt es sich, dass für die Gruppe dieser Visionssuche der letzte Abend in der Wüste genau zum Zeitpunkt dieses Festes ist. Dann geschieht etwas, was es in dieser Wüste noch nie gegeben hat: Der Scheichsohn schlägt mir vor, mit meiner Gruppe ein eigenes Beduinenzelt in der Reihe von etwa 65 Beduinenzelten der Stammesmitglieder aufzustellen und unseren eigenen Hammel zu schlachten - mit Hilfe der Beduinen, natürlich.
Meine Gruppe ist sofort dafür und so nehmen die Vorbereitungen für das Fest ihren Lauf. Es ist sehr beeindruckend, die lange Reihe der Beduinenzelte zu sehen. Hunderte Beduinen sind gekommen.
Damit wir nicht auffallen, halten wir uns vorwiegend in unserem Zelt auf. Ich finde es wichtig, den Beduinen ihr Fest zu lassen und nicht als „Touristen“ mit Fotoapparaten knipsend herum zu laufen, zumal in ihrer Religion das Fotografieren nicht erlaubt ist und viele noch denken, dass man einem damit die Seele stehlen würde. Diese Menschen – die meisten haben kaum etwas mit Ausländern zu tun, weil sie zu tief in der Wüste wohnen – müssen wir respektieren. Es ist ein Fest, wobei wir die Beduinen in ihrer ganzen Authentizität erleben.
Als die Dunkelheit einkehrt und die Gesänge anfangen, gehen wir in Begleitung von einigen Beduinen zum Fest und setzen uns an den Rand. Dennoch werden wir von kleinen Jungs entdeckt und sie lassen sich nicht abwimmeln. Sie bleiben bei uns. Die Gesänge, das Trommeln und Klatschen ist einmalig in der Wüstennacht. Wie gewaltig, dass wir davon Zeuge sein dürfen.
Gegen Mitternacht wird es Zeit, dass wir uns auf dem Weg nach Sharm el Sheikh machen, denn die Teilnehmer werden am nächsten Tag nach Europa zurück fliegen. Ein riesiges Allradfahrzeug, welches Platz bietet für die ganze Gruppe, ist schon eingetroffen. Unsere letzten Minuten in der Wüste rücken immer näher.
Weil unsere Zeit in der Wüste zu Ende geht, schlägt ein Teilnehmer vor, bevor wir ins Auto steigen, noch ein Abschiedslied in der Wüste zu singen. Ich bin einverstanden. Nur finde ich, dass ein Lied aus unserem Breitengrad nicht so recht in diese Landschaft und in das Beduinenfest hineinpasst. Wir fangen an uns in einem Kreis aufzustellen, als von überall her plötzlich Beduinen auftauchen, die sich *mit* uns in den Kreis stellen. Innerhalb kürzester

Zeit stehen wir in einem riesigen Kreis mit schätzungsweise achtzig oder mehr Menschen. Nun stimmt ein deutsches Lied erst recht nicht mehr und ich stimme das Lied an, das mich schon seit vielen Jahren in der Wüste begleitet „Sina, Sina, Sinai – Kayowe-O“ (Es ist ein Indianerlied das eigentlich an den Vollmond, Nisa, Nisa, Nisa, gesungen wird. Kayowe-O bedeutet „Sound of the Earth“, Klang der Erde). Nach diesem Lied verabschieden wir uns von vielen, vielen Menschen. Nach den Tagen, die wir als Einsiedler verbracht haben, ein erstaunliches Erlebnis. So steigen wir ein in das Auto, das uns wieder an die Küste bringt, in den Ort mit den 5-Sterne Hotels und Touristenrummel …

KAPITEL 33

Der hilfreiche Quälgeist

Irgendwann ist dann mein Apartment im 4. Stock fertig und ich ziehe ein. Dort bemerke ich, dass der Druck des Wassers nicht ausreicht um so hoch anzukommen. Ich lasse eine Pumpe installieren, die immer wieder den Dienst versagt. Als nächstes lasse ich einen großen Tank oben aufs Dach montieren, wo ich dann Wasser hoch pumpen kann, wenn es gerade mal funktioniert und wenn es gerade mal Wasser gibt. Das Wasser wird immer wieder, vor allem im Sommer, in der städtischen Wasserzentrale abgestellt. Es fließt nur vor Sonnenaufgang für etwa eine Stunde in einem ganz dünnen Strahl, Tagsüber ist die Leitung trocken.

Seit ich nun alleine in diesem Apartment wohne gibt es eine neue Herausforderung. Kleine Jungs kommen immer wieder klopfen um zu sehen, ob sie einen Job für mich erledigen können: einkaufen, Müll wegtragen, die Treppe kehren … So stelle ich nur *einen* an und bezahle ihm für seine Dienste ein monatliches „Gehalt". In der ersten Zeit funktioniert es. Er kommt zu jeder Tageszeit klopfen und braucht Geld, mal für die Mutter die zum Arzt muss, mal um für seine Mutter einkaufen zu gehen, mal – und das ist der Höhepunkt seiner Fantasie – weil er sich ein Bein gebrochen hat und einen Gips braucht …

Ich werde ihn nicht mehr los! Mit vorliebe kommt er, wenn ich endlich mal genug Wasser in meiner Badewanne habe, welches ich mit einem aus Europa mitgebrachten Tauchsieder auf eine angenehme Temperatur angewärmt habe – weil es mir zu riskant ist, den Boiler anzumachen, da ich nicht weiß wie viel Wasser tatsächlich drin ist - um mich in meinem Bad zu entspannen.

Gott sei Dank gibt es die Wüste um mich daran zu erinnern, dass es auch noch anderes gibt als diesen kleinen Quälgeist … Die Stille, das Feuer, die Sterne und die Weite der Wüste sind mal wieder meine Rettung, die mir hilft, die Perspektive zu ändern und mich daran zu erinnern, dass alles im Großen Ganzen in fortdauernder, stetiger Veränderung und gesetzmäßiger Bewegung ist. Hier kann ich wieder tief entspannen und aufatmen.

Nach etwa einem Jahr werden auf dem Gelände vor meinem Apartment, auf dem schmalen Stück das bis zum Meer reicht, Vermessungen vorgenommen. Ich ahne Schlimmes. So kommt es auch. Innerhalb von einigen Monaten werden dort vier gewaltige Blocks aus dem Boden gestampft, die meine Sicht auf das Meer verhindern.

Nun ist diese Verbindung zur Natur, die mir unter allen Umständen immer wieder Kraft gegeben hat und mir half, die Perspektive zu wechseln, nicht mehr vorhanden. In meinem Block sind inzwischen auch einige Familien eingezogen. Meistens Beduinen aus der Wüste, die nun in eine für sie sehr luxuriöse Wohnung einziehen, mit - zumindest theoretisch - fließendem Wasser und Elektrizität.

Als erstes schaffen sie sich ein Radio und einen Fernseher an. Da es zu heiß in ihrem kleinen Apartment ist, wird die Eingangstür offen gelassen und die Klänge von Musik und Fernseher schallen durch das Treppenhaus. Die Familien sind sehr zahlreich. In manchem Apartment, welches nicht größer ist als meins mit 3 kleinen Zimmern, wohnen mehr als 10 Personen. Da sie auch noch sehr gesellig sind, haben sie meistens noch die doppelte Anzahl Menschen zu Besuch, die Fernsehen gucken kommen.

KAPITEL 34

Wieder hilft mir eine Frau

Dann nimmt das Schicksal eine gute Wende für mich. Eines Tages fahre ich durch Sharm el Sheikh und sehe bei einer neuen Häusersiedlung ein Schild „Sales Office“ (Verkaufsbüro). Ich bin einfach neugierig, was so ein Haus oder Apartment kosten wird, fahre hin und frage nach.
Der Preis ist erschwinglich. Auf jeden Fall beachtlich weniger als Preise für entsprechende Häuser in Europa. Ich erinnere mich, dass eine Teilnehmerin mir mal in mein Gästebuch geschrieben hat „if you need any money, just call me, honey“ (wenn Du irgendwann mal Geld brauchst, ruf mich einfach an, Süße). Was habe ich zu verlieren? Ich schreibe sie an und frage, ob sie mir eine Geldsumme leihen kann. Die Hälfte der Summe würde ich beim unterschreiben des Vertrags brauchen, den Rest bei Schlüsselübergabe. Es geht ein wenig hin und her und nach kurzer Zeit *sagt sie zu!* Ich kann es kaum fassen. Sie überweist mir die Hälfte der Kaufsumme, die ich in monatlichen Raten zurückzahlen werde, und ich unterschreibe den Vertrag!
Wieder einmal ist eine Frau da, die mich unterstützt einen nächsten Schritt in meinem Leben zu gehen.

KAPITEL 35

Tausende Gedanken und Gefühle

Manchmal, wenn Menschen in die Wüste kommen, werden sie überschwemmt von endlos vielen Gedanken, die sie antreiben und nicht zur Ruhe kommen lassen. Ich sage ihnen, dass nicht die Gedanken wild geworden sind, sondern, dass sie selber dabei sind, ruhiger zu werden – sonst würden ihnen diese vielen Gedanken gar nicht auffallen.
Im täglichen Leben sind (in den meisten Fällen) die Gedanken einfach wild, ohne dass es einem auffällt. Die vielen Eindrücke, die auf einen einwirken, schon alleine auf dem Weg zur Arbeit. Die Nachrichten, die Zeitungen, die Anrufe, die Gespräche, das Einkaufen und die Arbeit, halten einem ganz schön auf Trab, ohne das man es wirklich merkt. Denn es ist normal.
Oft ist einem auch gar nicht bewusst, wie viele unangenehme Gefühle und Emotionen man auf Menschen oder Umstände im Außen projiziert: auf die unfreundliche Kassiererin im Supermarkt, auf den, der einem einen Parkplatz wegschnappt, auf den Postboten der zu laut und zu lang klingelt, auf den Mülleimer der voll ist und stinkt, auf den Hund der zu heftig bellt, auf die Schuhe die drücken oder auf die viele Menschen die einem in der Stadt über den Weg laufen …
Wenn einer nun plötzlich auf sich gestellt ist, in der Stille und Weite der Wüste, ist das Gehirn und sind die Gefühle nicht automatisch von einem Moment auf dem nächsten genau so still wie die Wüste - sie arbeiten weiter!
Es ist sehr interessant zu beobachten, was das Gehirn sich dann alles an genialen Sachen einfallen lässt, um einem auf Trab zu halten. Zum Beispiel kommt plötzlich der Gedanke auf, dass man die Zahnpasta im Badezimmer des Hüttencamps am Roten Meer hat liegen lassen. Eine Katastrophe! Man fängt an, den Rucksack auszupacken, bis man – natürlich ganz unten – im Kulturbeutel die Zahnpasta findet. Gott sei Dank. Sie ist da. Man muss nicht tagelang ohne Zahnpasta auskommen.
Nun kann alles wieder eingepackt werden. Kaum ist alles wieder im Rucksack drin, kommt der nächste Katastrophenalarm. Die Sonnencreme! Die

habe ich jetzt beim auspacken nicht gesehen. Oh Gott! Ich werde meine Haut so sehr verbrennen, dass ich in ein Krankenhaus gebracht werden muss – aber hier ist weit und breit kein Krankenhaus … Ich schaue nach! Wieder wird der ganze Rucksack ausgepackt. Siehst Du! Nicht dabei! Habe ich es mir doch gedacht. Die haben mich heute Morgen viel zu sehr gehetzt bevor wir losgefahren sind!
Als dieser Teilnehmer nachher bei der gemütlichen Runde um die Feuerstelle Tee trinkt und aus dem Tagesrucksack ein Taschentuch braucht, findet er, zum Glück, die Sonnencreme …
So oder ähnlich beginnen einige Reisen. Ich sage immer den Gruppenteilnehmern, dass man in erster Linie eine ganze Menge Humor dabei haben sollte! Wenn man mit etwas Distanz der eigenen unermesslichen Genialität auf die Schliche kommt, kann man nichts anderes tun, als in schallendes Lachen ausbrechen. In der Wüste wird vieles sehr sichtbar.
Es ist eine sehr schöne Erfahrung zu merken, dass die Gedanken, je länger man in der Wüste ist, sich einfach beruhigen – wenn man sich auf die Stille und Ruhe der Wüste einlässt und sich davon berühren lässt. Es ist eine Sache des Einstimmens und des Entschlusses. Wenn man wirklich Sehnsucht nach dieser tiefen Stille hat, ist es sehr hilfreich, sich immer wieder wissentlich und ganz bewusst darauf einzustimmen. Der stetige Tropfen höhlt den Stein. Alte Gewohnheiten sitzen sehr tief.
Wie ein Meister mal erklärte: „Zwischen zwei Gedanken ist immer eine kleine Pause – mache diese Pause immer länger …“.
Manchmal ist es auch die eigene Angst und Unsicherheit, die einem viel zu viel einpacken und mitschleppen lässt. Nach dem Motto „man kann nie wissen – vielleicht braucht man es“ werden ganze Haushalte in die Wüste transportiert.
Ein Beduine kann mit einem Teepott, Zucker und Tee, Wasser, einem Sack Mehl, Streichhölzer und einer Decke wochenlang in der Wüste überleben. Wenn er mit uns auf eine Reise geht hat er auch nicht viel mehr dabei als die Decke und eventuell eine extra Galabiya. Deshalb lade ich meine Gäste ein, auszuprobieren wie es ist, wenn man wirklich nur das Wesentlichste mitnimmt.
Im Laufe der Jahre habe ich entdeckt, dass ich mir gar nicht immer wieder neue Kleider anziehen möchte. Die Landschaft ist so unendlich weit und ändert sich ständig – dass mein Kleid mein „Zuhause“ wird. Erstaunlicherweise

ist der Körpergeruch in der Wüste sehr minimal bis gar nicht vorhanden, auch, wenn man sich „nur“ mit ganz wenig Wasser und mit Hilfe von angefeuchteten Trockenwaschlappen den Körper reinigt.
Einmal bin ich sehr damit beschäftigt aufzupassen, dass das Gepäck der Teilnehmer richtig oben aufs Auto montiert wird bevor wir losfahren. Bei Ankunft in der Wüste, 250 Kilometer vom Hüttencamp entfernt, entdecke ich, dass meine eigene Tasche an der Rezeption stehen geblieben ist.
Meine erste Überlegung ist, was mir nun wirklich wichtig ist und was ich unbedingt brauchen werde. Es ist eine Zahnbürste … Der Fahrer, der uns in die Wüste gebracht hat, ist bereit, noch mal an die Küste in ein einfaches Städtchen zu fahren und mir eine Zahnbürste zu besorgen. Nach einer knappen Stunde kommt er wieder und bringt mir ein riesiges einheimisches Exemplar, welches bei jedem Putzen die Borsten verliert - und eine Zahnpasta die mir fast den Gaumen verbrennt. Aber immerhin …
Von den Teilnehmern bekomme ich alles was ich brauche. Witzigerweise habe ich gerade bei dieser Reise einen engen langen Rock für die Fahrt in die Wüste angezogen - wie soll ich damit auf einem Kamel sitzen? Aber auch dafür findet sich eine Lösung: Eine Teilnehmerin leiht mir ein Tuch, womit ich meine Beine bedecken kann. Eine andere Teilnehmerin hat Probchen von der Creme dabei, die ich Zuhause auch benutze. Alle haben Trockenwaschlappen übrig, so dass ich auch daran keinen Mangel habe …
Nie muss ich überlegen was ich anziehen soll, ich muss keine schwere Tasche irgendwo hin tragen, habe ganz genau das, was ich brauche und absolut nichts Überflüssiges. Es ist eine meiner schönsten und leichtesten Reisen! Außerdem lerne ich, um das zu bitten was ich brauche - und mache die Erfahrung, dass ich es bekomme.

KAPITEL 36

Meine Mutter stirbt

Im Juni dieses Jahres hätte ich normalerweise eine Kameltour haben sollen, aber es gibt keinen einzigen Teilnehmer. Dann trifft eine Mail von meinem Sohn bei mir ein: „Oma im Krankenhaus, komme!“. Meine Mutter ist 89 Jahre alt und ich bin ihr einziges Kind. Immer bin ich meine Wege gegangen, war manchmal wochenlang nicht zu erreichen in der Wüste. Ich habe immer gebetet, dass ich da sein möge, wenn sie mich wirklich braucht. Nun scheint dieser Moment gekommen zu sein. Ich setze mich in den Flieger und bin die letzten 10 Tagen ihres Lebens und im Moment des Todes an ihrer Seite. Gott behüte sie.

Als ich die Wohnung meiner Mutter auflöse, löse ich ihre und meine Vergangenheit auf. So viele Kleinigkeiten, die Erinnerungen hervorrufen! Ich komme mir vor wie ein Verräter. Die für sie so kostbaren Erinnerungen und Gegenstände einfach zu verschenken oder mich ihnen sonst wie zu entledigen. Aber was soll ich machen? Ich kann kaum einiges von ihrem Hab und Gut mitnehmen in die Wüste – wo ich doch auch meine eigenen Habseligkeiten losgelassen habe, als ich in den Sinai kam.

So ist das Leben. Jeder Gegenstand hat nur für den Besitzer einen emotionalen Wert. Für andere ist es nur ein Gegenstand. In meinem eigenen Leben habe ich auch schon so oft Abschied genommen und losgelassen – *und* erfahren, wie kostbar es ist, gar nichts zu besitzen. Ich weiß nun, dass beides seine Gültigkeit hat. Haben und nicht haben. Der Clou ist, das was man hat zu genießen, zu würdigen und zu schätzen, aber genau so gut auch ohne alledem leben zu können.

Meine Mutter hinterlässt mir genau den Betrag, den es braucht, um eine weitere Rate für mein Haus zu bezahlen. Welch ein Geschenk! Als ich meine Lebensversicherung auszahlen lasse, kann ich das ganze Haus abbezahlen.

Manchmal habe ich mich gefragt, warum ich immer noch im Sinai bin. Sicherlich habe ich mir öfters überlegt die ganze Sache an den Nagel zu hängen, aufzuhören und nach Europa, zu meinen Wurzeln, zurückzukehren. Insbesondere, wenn die Teilnehmer meiner Reisen durch intensive und

schwierige Prozesse gehen und womöglich den Unmut eines ganzen Lebens, welcher in der Leere und Kraft der Wüste mit einer gewaltigen Wucht auftaucht, auf mich projizieren. Das kostet mich viel Kraft. Wenn sie aber „durch“ sind und mit ganz weichen Gesichtern und strahlenden Augen nach Hause gehen, ist mir bewusst, wie wichtig meine Arbeit ist, wie wichtig es ist, die Stellung zu halten und diese unendlich kostbare Erfahrung, sich so tief auf die Stille der Wüste, den weiten blauen Himmel, die Sterne, das Feuer, sich Selbst und diese so kraftvolle Natur einzulassen, weiterhin zu ermöglichen.
Die Dimension der Wüste ist eine Oase, die wir in der verrückten und chaotischen Welt dringend brauchen. Ich möchte die heilende Kraft der Wüste, die die Teilnehmer meiner Reisegruppen und auch ich selber immer wieder erfahren haben, noch vielen Menschen als Chance geben, damit diese berührt und inspiriert werden können.

KAPITEL 37

Das Leben ist wie surfen im Internet

Nach den vielen Jahren alleine oder mit Gruppen in der Stille und Weite der Wüste, in der zeitlosen Zeit der Ewigkeit, die man hier so hautnah und fassbar erleben kann, habe ich mich wieder mit „der Welt da draußen" verbunden, durch das surfen im Internet. Das erste Mal, als ich überhaupt hiermit in Berührung kam, ist vergleichbar mit dem ersten Mal, als ich über das bunte, weltberühmte Riff im südlichen Sinai mit den tausenden verschiedenen, kleinen und großen Fischen schnorchelte. So ähnlich mutet die Vielfalt der Möglichkeiten im Internet an.

Aus der Wüste kommend, wo ich viele Tage in absoluter Stille verbracht habe, nur mit dem weiten blauen Himmel über mir, und wo nichts anderes passiert als das ich Feuer mache, Essen koche, Tee koche, Holz sammele, Licht und Schatten beobachte und sonst nichts, ist es ein absoluter Gegensatz, den Computer anzumachen und mir die ganze bunte Vielfalt der Möglichkeiten anzusehen.

Als Hintergrundbild auf dem Computer richte ich eine riesige Sanddüne ein. Sinnbild für „meine" Wüste. In dieser Leere können nun alle Internetseiten erscheinen und wieder verschwinden. So, wie im Leben viele Menschen und Situationen auftauchen und auch wieder gehen.

Ich fange an zu erkennen, wie sehr ich von diesem bunten Internet verschlungen werde, wenn ich anfange zu surfen, von Link auf Link, von Hü auf Hot komme und mich total verliere. Ich fange irgendwo an und dann komme ich ganz woanders hin als ich eigentlich beabsichtigt habe. Außerdem verliere ich jede Verbindung mit der Realität um mich herum. Ich bin voll und ganz in der Cyberwelt. Es ist faszinierend und nimmt mich ganz in seinen Bann. Ich hole nach, was ich in den vielen Jahren in der Wüste „verpasst" habe.

Allerdings freue ich mich sehr, wenn ich wieder in die Wüste gehen kann und keine Schreckensnachrichten, keine Angebote von Geschäften, keine Versteigerungen von endlos vielen unwichtigen und wichtigen Objekten verfolge. Welch ein Segen, einfach wieder „nur" zu sein, nur Feuer zu machen, nur auf der Erde zu liegen und nur meinen eigenen Herzschlag zu hören. Welch ein Segen!

Diese Zeit im Internet und anschließend die Zeit in der Stille macht mir sehr klar, wie unser Geist funktioniert – genau so, wie es schon vor hunderte von Jahren Buddha erkannt hat.

Unser Geist ist wie ein Sack voller Flöhe, die überall hin springen. Oder wie ein junger Hund, der überall schnüffeln geht und sofort abgelenkt ist, wenn sich irgendwo irgendetwas bewegt. Dieser Geist muss auch immer urteilen und eine Meinung haben. Gut oder schlecht, angenehm oder unangenehm. Und er will festhalten, kontrollieren, absichern. Er ist manchmal sehr begrenzt, starr, eingeengt, voller Vorurteile und Wissen. Die Gedankengebäude, die von klein an in uns errichtet werden, sind sehr tief in unsere Zellen eingeprägt.

Durch das Internet wird vieles sichtbar. Auch die Tatsache, dass wir alle miteinander verbunden sind, wie in sekundenschnelle Distanz überbrückt wird. Wie man nicht physisch zusammen sein muss, um diese Verbindung aufrecht zu erhalten. Alles ist mit allem und mit jedem verbunden. Wir sind alle Teile vom Großen Ganzen, wie ein Spinngewebe in sich, welches trotz der vielen kleinen dünnen Fäden ein Großes Ganzes ist – zieht man an einer Stelle, so bewegt sich das Ganze.

Ich kann immer wieder neu entscheiden, ob ich im Internet surfen will oder ob ich nach Innen gehe, meinen Geist ruhen lasse. Wenn ich still bin und nichts tue, kommen Impulse von Innen, die mich immer das machen lassen, was in dem Moment ansteht – dann ist der „Kanal" nicht voller störender Tätigkeiten oder Gedanken und steht auf „Empfang". In der tiefen Stille und im tiefen SEIN kann ich mich anbinden an das Große Ganze und kann unendliche Weite, Klarheit und Liebe spüren. Es ist zart und kraftvoll, durchdringt mich und ist mit Worten kaum zu beschreiben. Ich muss aber willentlich an diesen „Ort" gehen, meinen Geist nach Hause bringen – anstatt überall „da draußen" herumzusurfen.

Wenn ich die Verantwortung für alles übernehme, was ich in meinem Leben kreiert habe, für meine Freude und für mein Leid, dann nehme ich stark an, dass ich dieses so gestaltet habe, damit ich die Natur des Geistes erkennen *muss*. Und wiederum erkenne ich, dass es die heilende Stille, Weite und Kraft der Wüste ist, die mir dabei geholfen hat und hilft.

KAPITEL 38

Schiffsfahrt mit Wellengang

Die Halbinsel Sinai ist im Westen, Süden, Osten und Norden vom Meer umgeben. Im Westen vom Golf von Suez, im Süden vom Roten Meer, im Osten vom Golf von Aqaba und im Norden vom Mittelmeer. An der Südspitze des Sinai sind die weltberühmten Riffs von Ras Mohammed. Hierhin machen wir meistens nach einem Wüstenaufenthalt einen Tagesausflug per Schiff.

Morgens früh gehen wir am Steg des Bambushüttencamp aufs Schiff und fahren an der Küste entlang nach Süden, vorbei an den vielen 5-Sterne Hotels und Baustellen derer, die es noch werden sollen. Vorbei an den schmalen Streifen am äußersten Rand des Sinai, wo einst die Wüste bis ins Meer kam und wo jetzt die endlos vielen Gebäude errichtet wurden. An der Südspitze ist der Nationalpark Ras Mohammed. Hier können wir noch einmal ahnen, wie der Sinai früher ausgesehen haben muss, denn es gibt keine Gebäude weit und breit – nur die Natur, die Wüste und die Berge.

Wir fahren weit um die Südspitze herum nach Westen und genießen den Blick auf die majestätischen Berge und auf das türkisblaue Meer. Ein Tag des tiefen Entspannens und der Hingabe an das Element Wasser. Weit ab vom Tauchbetrieb machen wir in einer einsamen Gegend den Motor aus, gehen ins Wasser, Schwimmen, lassen uns treiben, schnorcheln übers bunte Riff und die vielen Fische.

Es ist das Tüpfelchen auf dem i, nach 10 oder sogar 22 Tagen Aufenthalt in der Wüste. Manchmal zeigen sich uns Delphine oder kleine Wale, die einfach mit uns schwimmen und mit dem Schiff spielen. Die Taucher und Schiffskapitäne berichten, dass in den letzten Jahren viel mehr Delphine in der Gegend gesichtet werden als früher.

An einem Morgen, als ich wieder diese Schiffsfahrt mit einer Gruppe unternehmen will, teilt mir der Kapitän mit, dass wir unmöglich nach Ras Mohammed fahren können – es ist viel zu viel Wind. Dort, an der Südspitze, treffen heute zwei Winde aufeinander, der Nordwestwind und der Südwestwind. Es ist eine Warnung herausgegeben und kein einziges Schiff geht heute in diese Richtung.

Er schlägt vor, dass wir diesmal nach Osten fahren. Zuerst an der Küste entlang, wo wir ein erstes Mal, in einer ruhigen Bucht, schnorcheln können. Nach dem Mittagessen schlägt der Kapitän – ein alter Beduine, der schon seit Jahren mit diesem Schiff unterwegs ist und der das Meer hier wie seine Westentasche kennt – vor, zur Insel Tiran, die der Küste vorgelagert ist, hinüber zu fahren.
Ich vertraue dem Kapitän. Er wird sich sicherlich nicht übernehmen oder etwas tun, was er nicht verantworten kann. Als wir losfahren, sitze ich ganz vorne auf der Spitze des Schiffs, direkt über dem Wasser. Innerhalb kürzester Zeit sind wir inmitten haushoher Wellen und ich kriege richtig Schiss! Buchstäblich und tatsächlich habe ich das Gefühl, dass ich dringend die Toilette aufsuchen muss. Ich kann mich aber unmöglich von diesem Platz wegbewegen. Der ganze Körper reagiert. Ich spüre Angst vor jeder neuen Welle! Manchmal schmeißt die Welle uns so hoch, dass ich nicht mal mehr Wasser sehe – nur den Himmel. Wenn wir dann unten in einem Wellental ankommen, sehe ich nur noch Wasser um mich herum! Für mich als Landratte eine ängstliche Erfahrung, die mich bis an meine Grenzen bringt. Ich schreie und tobe und töne, nur um meiner Angst Luft zu machen.
Dann fällt mir ein, meinen Blick am Horizont zu fixieren. Das ist auch ein probates Mittel bei Seekrankheit. In diesem Augenblick erinnere ich mich daran. Es funktioniert! Wenn ich meinen Blick auf den Bergen am Ufer ruhen lasse, bei jeden Moment wenn sie sichtbar werden, werde ich ganz ruhig, kann mich entspannen und meine ganze Energie verwandelt sich. Ich kann es genießen und freue mich über jede neue Welle!
Welch eine Erkenntnis! Es gibt doch im Leben manchmal auch Umstände, die uns Angst machen, wo wir Schiss bekommen und keinen Ausweg sehen. *In dem Moment kann man sich auf eine andere Perspektive einstellen und sich im Großen Ganzen am Horizont verankern!* Unser Kapitän meint es gut mit uns! Jenseits der Angst ist die reine Freude.

KAPITEL 39

Wie kleine schlaue Jungs

Inzwischen habe ich mich damit angefreundet, dass Beduinen so sind wie sie sind. Auch habe ich gelernt, dass ich sehr klare Grenzen setzen muss, denn sonst machen sie mit einem was sie wollen. Sie scheinen immer ausprobieren zu wollen, wie weit sie gehen können. Ein Beduinenmantel, wie die Scheiche tragen, hilft mir dabei, mich in einer für sie halbwegs männliche Gestalt zu verwandeln – der Scheichmantel gibt mir Schutz und „Volumen".

Ihre Überlebensart ist, schlauer zu sein als der Andere – wer auf die Schlauheit oder Tricks eines Anderen hereinfällt, ist einfach blöd und selber schuld. Sie sind wie kleine schlaue Jungs …

Ihre „schlaue" Art hat sie über die Jahrhunderte in der kargen Wüste überleben lassen. Sie sind Lebenskünstler, die aus allem etwas zu machen verstehen, unendlich flexibel und kreativ. Dafür bewundere ich sie. Was das überleben in der Wüste angeht, fühle ich mich absolut sicher und aufgehoben, wenn ich mit einer Gruppe in Gesellschaft der Beduinen bin. Ich habe sehr viel von ihnen gelernt. Sie wissen, wo sie Wasser finden, wie sie Feuer machen, wie sie ihren Weg finden, wie sie ein störrisches Kamel bändigen, wie sie aus vier Autos eins machen, wie sie mit Schlangen und Skorpionen umgehen. Das ganze Beduinensystem funktioniert perfekt, wenn es darum geht, zu überleben.

Mein Traum, etwas ganz neues auf die Erde zu bringen, gestaltet sich anders, als ich es mir vorgestellt hatte. Die Unterschiede, vor allem die Undurchsichtigkeit der anderen Denk- und Lebensweise, haben es unmöglich gemacht. Nun lerne ich, es zu akzeptieren. Ein Stein ist ein Stein, ein Kamelkötel ist ein Kamelkötel, eine Rose ist eine Rose … Ganz einfach. Ich werde immer wieder auf mich zurückgeworfen.

In der Weite der Wüste hat alles seinen Platz. Und ich lerne, mich abzugrenzen *und* offen zu sein. Alles zu seiner Zeit. Eine Gratwanderung, die nicht immer leicht ist. Immer wieder neu zu entscheiden. Mich immer wieder neu einzulassen. Immer wieder dem Leben eine Chance zu geben. Und vor allem: Alle Knöpfe die mir gedrückt werden wahrzunehmen und zu heilen, über mein kleines verletztes und verletzbares *ich* hinauszuwachsen und mehr und mehr in Einklang zu kommen mit dem Großen Ganzen. Mich auszudehnen. Himmel und Erde zu verbinden und die Inspiration der Dimension Sinai tief in mir zu verankern. Diese Herausforderungen haben potentielle Wachstumschancen in sich.

KAPITEL 40

Quer über den Sinai

Mehr und mehr verspüre ich den Wunsch, mit meinen Reisen immer wesentlichere Erfahrungen zu ermöglichen. Es sollen Lebenserfahrungen sein, welche die Teilnehmer im Nachhinein sehr positiv beeinflussen und inspirieren.
So entsteht die Idee, einen Kameltreck anzubieten, bei welchem wir in mehr als drei Wochen quer über die Sinai-Halbinsel ziehen. Von West nach Ost. Vom Weltlichen zur Spiritualität. Die Teilstrecken kenne ich alle schon durch die vielen Kameltouren, die ich schon gemacht habe. Wenn wir drei Wochen lang unterwegs sind, jeden Tag wo anders einen Schlafplatz finden und immer wieder loslassen, wenn wir jeden Tag getragen werden und wir langsam unser Vertrauen in unser Kamel aufbauen, dann kann es nicht ausbleiben, dass wir etwas sehr Wesentliches erfahren!
Jetzt ist es erst mal ein Gedanke, der umgesetzt werden will. Ich setze mich mit den Beduinen zusammen und wir fangen an zu überlegen, wie eine solche Reise aussehen könnte. Wir brauchen Kamele, die stark genug sind, Tag für Tag unser Gepäck, unser Wasser zum Kochen und zum Abwaschen, unser Mineralwasser, Proviant, Decken, die Küchenutensilien und uns, die Teilnehmer, zu tragen. Wir brauchen Beduinen, die die Strecke kennen und auch wissen, wo Wasser zu finden ist. Denn wir werden viel Wasser brauchen – nicht nur für uns, sondern auch um die Kamele zu tränken. Auch brauchen wir immer wieder Nachschub an Lebensmitteln – wir können unmöglich das ganze Essen für 22 Tage mitnehmen. So müssen wir sehen, an welchen Stellen uns ein Auto treffen und neu beliefern kann. Einkaufen können die Beduinen nur an den jeweiligen Küsten. Wir werden durch die Gebiete von anderen Stämmen ziehen und müssen sehen, dass die dortigen Beduinen uns beschützen und passieren lassen. Außerdem müssen die Kamele und die Beduinen auch wieder tagelang quer über den Sinai zurück reiten. Mir wird klar, dass es auf jeden Fall eine sehr viel größere Sache ist, als ich im ersten Moment gedacht hatte.
Da ich großes Vertrauen in mein langjähriges Beduinenteam und ihre Kamele habe, wage ich es, die Reise auszuschreiben. Tatsächlich kommt eine

kleine Gruppe zusammen. Wir reiten an der Westküste los. Zuerst durch ein schmales, enges Tal. Ich schlage der Gruppe vor, die ganze Reise wie die Reise des Lebens zu betrachten. Wie im Leben gibt es Hürden zu nehmen, Rastplätze, Aufstieg, Abstieg, getragen werden, laufen, beisammen sein, alleine sein.

Jeden Morgen stehen wir auf, sobald es hell wird. Wir treffen uns um die immer wieder neu eingerichtete Feuerstelle und trinken Tee und knabbern ein paar einfache Brotstangen. Danach werden die Kamele gesattelt, alles wird wieder aufgeladen und wir reiten oder laufen los, für die erste Strecke dieses Tages.

Jeden Tag, um die Mittagszeit, ist eine lange Pause im Schatten angesagt. Während diese Zeit suchen die Beduinen Holz, machen Feuer, backen Brot, machen unser Mittagessen und kochen Tee. Mitten im Nichts schaffen sie es immer wieder, uns mit herrlichen, einfachen Mahlzeiten zu verwöhnen. So, als wäre es selbstverständlich, mitten in der Wüste frische Tomaten und Gurken zu essen, ein frisch gebackenes Fladenbrot zu haben, Frischkäse, Eierspeisen, Kartoffeln, Gemüse und Reis zu verspeisen. Ich muss wirklich mal innehalten, um mir zu überlegen, was für ein unglaubliches Ereignis dies im Grunde ist! Ohne die Beduinen und ihre Kamele könnten wir als westliche Menschen in dieser kargen Landschaft kaum einen Schritt tun!

Nachmittags ziehen wir meistens weiter. Manchmal müssen wir absteigen, weil die Kamele mit dem vielen Gepäck über schwierige Strecken uns nicht auch noch zusätzlich tragen können. Auf der ganzen Strecke sind auch einige Bergpässe voller Geröll und Steine zu bewältigen. Es ist ein Wunder, wie die Kamele es immer wieder schaffen! Interessanterweise haben auch die Kamele manchmal „Schiss“ wenn es sehr steil bergauf oder bergab geht – sie lassen unentwegt ihre kleinen Kötelchen fallen, die aussehen wie kleine Schokoladen-Eier. Ich mache einen Sport daraus, auch wenn die Kötelchen direkt vor mir auf die Erde fallen, nicht auf sie zu treten. Das braucht absolute Wachsamkeit!

Es ist sehr spannend und erleichternd, hinter einem Kamel zu gehen. Eingestimmt auf das Tier fangen wir an, ein gemeinsames Energiefeld zu bilden. Ich vergesse, wie viele Schritte wir noch tun müssen, sondern setzte meine Füße ganz bewusst sorgfältig auf die nächste Stelle, so dass jeder Schritt sitzt. So, wie die Kamele es tun. Ich werde nicht müde, Schritt für Schritt lässt sich jede Hürde bewältigen.

Außerdem mache ich die Erfahrung, dass, wenn ich mit voller Konzentration „nur" laufe und sonst nichts anderes tue und nicht abgelenkt bin, meine Füße das umsetzen, was meine Augen sehen und ganz von alleine die richtige Stelle finden, wo sie zwischen den vielen Steinen hintreten können. Das ganze bewältige ich schon seit einigen Jahren genau so wie die Beduinen, auf ganz leichten Sandalen – ohne mich anzustoßen.
Die Landschaften ändern sich immer wieder. Mal ist es ein schmales, steiniges Tal, mal ein Pass, mal eine weite Sandfläche, mal ein Hochplateau mit gewaltiger Aussicht, mal eine Oase, mal eine große und gewaltige Sanddüne … Immer wenn wir abends an einem Ort ankommen, wo wir übernachten werden, stellen die Beduinen die Kamelsättel in einen Kreis, machen in der Mitte eine Feuerstelle zum kochen, legen Teppiche über die Kamelsättel und schon ist unser Wohnzimmer wieder fertig.
Die Wände unseres Wohnzimmers ändern sich jeden Tag, aber die Decke aus Sternen und Mond ist jeden Abend und jede Nacht ganz vertraut, immer wieder das sich verändernde Gleiche. Wir erleben während dieser Reise fast einen ganzen Mondzyklus. Manche Teilnehmer erleben zum ersten Mal bewusst, dass der Mond jeden Tag etwa eine Stunde später aufgeht. Auch die Bewegung der Sterne, der Milchstrasse und der Planeten hat schon manchmal für staunende Erkenntnisse gesorgt.
Jeden Tag, immer wieder zu Mittag und am Abend, kommen wir an einem neuen Platz an. Wieder gilt es, einen guten Platz für die Pause oder für die Nacht zu finden und einzurichten. Sah es in den ersten Tagen noch so aus, als ob es kaum Schatten geben würde, wird das Auge im Laufe der Zeit so geschult, dass wir sofort wenn wir irgendwo ankommen im Blick haben, wo der Schatten, wo der Platz für die Nacht ist … Wir haben inzwischen auch gelernt, dass ein Schatten sich verändert. Entweder verschwindet er ganz, oder er wird immer größer …
Wir entdecken auch, wie lebenswichtig der Schatten ist! Ein Sprichwort der Beduinen sagt: „Wo das Licht am stärksten ist, ist der Schatten am sichtbarsten". Es ist sehr lebendig zu erfahren, wie die Temperatur im Laufe eines Tages und einer Nacht sich wandelt und verändert – und welche Auswirkungen diese Temperaturunterschiede auf uns haben.
Es ist auch eine interessante Erfahrung, im Laufe der Tage zu sehen, wie die Beduinen in aller Ruhe und Gelassenheit das tun, was zu tun ist – und dabei Berge versetzen – aber auch ganz klar nichts tun, wenn nichts zu tun ist.

Ganz souverän und selbstverständlich. Alles mit einer meditativen Ruhe – alles in seiner eigenen Zeit.
Auch das war nicht von Anfang an so selbstverständlich– es hat Zeit gebraucht, uns auf diesen Rhythmus und dieser Selbstverständlichkeit einzuspielen. Auch bei der Gruppe wachsen die Selbstverständlichkeit, die Entspannung und die Ruhe. Es wird immer leichter, stiller, heiterer, entspannter und natürlicher. Auch das Vertrauen, am Abend wieder eine gute Schlafstelle zu finden oder während der Mittagsruhe einen guten Schattenplatz zu haben, wird immer stärker.
Gedanken, die uns am Anfang der Reise noch beschäftigten, sind ganz von alleine leise geworden. Mehr und mehr sind wir einfach nur da, wo wir sind. Kleine Details, die wir am Anfang gar nicht bemerkt haben, wie die Schatten eines Sandkorns, fangen ganz leise an, unsere Aufmerksamkeit zu bekommen. Auch der immer blaue weite Himmel am Tag fängt an, seine Wirkung nicht zu verfehlen. Er dehnt unser Gehirn aus, wir werden weiter und lockerer, lachen – wenn wir uns freuen über die einfachen Dinge des Lebens, weinen – wenn wir in dieser stillen Wüste anfangen unser Herz wieder zu hören und zu spüren, manchmal ausgelöst durch eine ganz einfache kleine Inspiration.
Der längste Tag auf dieser Reise ist der, an welchem wir durch die Mitte des Sinais gehen. Da müssen wir mit den Kamelen eine weite Strecke über einen Berg bewältigen. Da wir hier nirgendwo Wasser oder Holz finden können, müssen wir so schnell wie möglich durch. Gerade diese Strecke ist eine der imposantesten Etappen der Reise. Hier ist noch kaum ein Mensch gewesen. Man spürt die gewaltige Ausdehnung dieser Landschaft, die Sonne, die Weite, die Endlosigkeit.
Von Zeit zu Zeit kommen wir an Wasserstellen, wo wir den Kamelen zu trinken geben. Da haben die Beduinen zu tun, bis sie das Wasser für die Tiere aus dem Brunnen hochgezogen haben. Manchmal sieht es fast so aus, als würden sie niemals satt werden bei den Unmengen, die sie in sich hineinschlürfen!
Einige Male treffen wir auf ortsansässige Beduinen, bei welchen wir Wasser für die Kamele bekommen, einen Tee trinken und wo die Frauen uns Ware in ihrem Basar anbieten. Es ist eine Gratwanderung, hiermit umzugehen. Die Menschen sind sehr arm und wohnen tief in der Wüste. Sie haben keine Verdienstmöglichkeiten, außer ein paar Touristen, die ab und zu vorbeikom-

men, etwas aus ihrem Basar zu verkaufen. Es könnte sein, dass auch wir irgendwann mal Hilfe von den Beduinen brauchen. Alles ist möglich. Deshalb ist es eine gute Sache, ein paar Freunde und Bekannte zu haben, zu denen man immer wieder kommen kann.

Als wir nach einer fast dreiwöchigen Reise am letzten Wüstentag zum Meer kommen, rieche ich den salzigen Geruch des Meereswassers schon stundenlang vorher. In diesem Tal wachsen die Pflanzen, welche die nach Senf schmeckenden Früchte tragen, mit den ganz scharfen Kernen. Diese Früchte sind genau zu diesem Zeitpunkt reif!

Unsere Beduinen fangen an zu ernten. Aufgeregt rennen sie von Pflanze zu Pflanze, klettern auf den Felsen, und füllen alles mit den Früchten – die Satteltaschen, die Futtersäcke der Kamele, die Röcke ihrer Kleider ziehen sie hoch, so dass auch dort noch ein Behälter für die Früchte entsteht. Sie sind in heller Aufregung! Es ist auch ein sehr glücklicher Zufall, dass diese Ernte, nach drei Wochen in der Wüste, einfach gepflückt werden kann. Eine reiche Belohnung!

Die letzten Kurven im Tal, bis wir zum Meer kommen, ziehen sich endlos hin. Immer denke ich, dass es um die nächste Kurve zu sehen sein wird – aber immer wieder muss ich mich noch gedulden. Man spürt, wie nah es ist und doch fehlt noch ein ganz klein wenig …

Endlich ist das Meer da! Wir schreien und jubeln und singen! Es ist ein einmaliges Erlebnis, nach dieser langen Strecke durch die Wüste endlich wieder so viel Wasser zu sehen. Als wir an unserer Übernachtungsstelle ankommen, werden die Kamele gebadet! Sie dürfen ins Meer und werden endlich entstaubt.

Die Beduinen sind aufgeregt, wie kleine Kinder. Sie wollen sich fotografieren lassen, während sie mit den Kamelen im Wasser sind. Einer stellt sich sogar oben auf zwei Kamele drauf, die im Wasser stehen. Das soll sein Spezialfoto werden, welches er zuhause stolz vorzeigt und womöglich einrahmen und an die Wand hängen wird! Ein historisches Foto!

An diesem Abend grillen die Beduinen Fische auf einer Feuerstelle direkt am Wasser. Wir hören die Wellen und schlafen direkt am Meer, bis die Sonne am nächsten Morgen ganz früh über den gegenüberliegenden Bergen von Saudi Arabien erscheint und uns weckt. Nach dem Frühstück ist die große Verabschiedung der Beduinen mit ihren Kamelen, die nun den Rückritt zu ihrem Stammesgebiet antreten werden. In 5 bis 6 Tagesritten hoffen sie Zuhause anzukommen.

Wir steigen nun in ein Auto. Über eine sehr holprige Piste fahren wir bis an die Asphaltstraße, die von Norden an der Ostküste entlang bis nach Sharm el Sheikh im Süden führt. Hier biegen wir links ab und in nicht allzu langer Zeit kommen wir im Bambushüttencamp an. Eine sehr fremde Welt wartet da auf uns. Bis auch die wieder normal ist.

KAPITEL 41

Reisen in eine Neue Dimension

Vor einigen Tagen kam ich nach mehr als drei Wochen in der Wüste vom Großen Meditativen Kameltreck quer über die Sinai Halbinsel zurück.
Noch spüre ich das sanfte und beständige Wiegen auf dem Rücken meines Kamels, das mich Tag für Tag zuverlässig und kraftvoll über Geröll und Steine, durch Schluchten, über Pässe und durch den weichen Sand getragen hat.
Vor meinem inneren Auge sehe ich das langsame aber sichere Voranschreiten unserer Karawane, das Schlafen auf der Erde, das um das Feuer sitzen …
Langsam aber sicher kam ich wieder in Einklang mit dem Rhythmus von Tag und Nacht. Der Anblick des weiten blauen Himmels hat sich wieder tief in meinen Zellen eingeprägt. Das Hören der Stille, des Feuers und des Windes und am Ende der Reise der Klang des Wassers und des Meeres, haben mich zutiefst berührt und wieder ein Stück heiler werden lassen.
Wann wurdest Du das letzte Mal drei Wochen lang getragen? Wann wurde Deine Wirbelsäule Tag für Tag sanft von Innen heraus bewegt – damit die Energie besser durchfließen kann? Wann konntest Du Tag für Tag den weiten blauen Himmel „einverleiben" und Nacht für Nacht unter den Sternen schlafen oder am Feuer sitzen?
Jetzt wird mir bewusst, dass diese Reise eine Reise in eine neue Dimension ist – ein Heilreise, die unseren tiefsten Kern berührt, der nicht mit „normalem Tourismus" zu tun hat, sondern ein Stück Weg auf unserer Lebensreise ist, auf welcher wir als Kinder des Universums und der Mutter Erde im Fluss des Lebens sind.
Was auch immer passiert auf dieser Erde, unter dem weiten blauen Himmel hat alles seinen Platz. Hinter jedem Lärm ist die tiefe Stille der Wüste. Hinter jeder Wolke ist die endlose Weite. Hinter jeden Zweifel ist das tiefe Urvertrauen. Wir müssen nur die Perspektive wechseln. Die Wüste, die uns in diese tiefe Stille und diese endlose Weite einbettet, ist dabei unsere große Urmutter und Meisterin.
Seit ich wieder Zuhause bin, habe ich einige Schlagzeilen in den Nachrichten gelesen: „X. Jahrestag des Abwurfs der Atombombe über Hiroshima", „Ter-

ror und Angst in London", „Messerattacke in Münchener Linienbus", „Waldbrände in Portugal", „Überschwemmungen in Indien", „Unwetter in Deutschland" - um nur einige zu nennen ... Solche Nachrichten sind eine Einladung, uns mit unseren Ängsten auseinander zu setzen, auch damit, dass wir mit absoluter Sicherheit am Ende unseres Lebens sterben werden. Oder mitten drin. Wir können dem nicht aus dem Weg gehen. Früher oder später, wenn unsere Zeit reif ist, ist unsere Zeit reif. Nicht vorher. Nicht nachher. Wir können uns aber darauf vorbereiten und uns mit dem beschäftigen, was wirklich wesentlich ist. Wenn wir die Tatsache, dass wir sterben werden einmal voll akzeptieren, wird das Leben unendlich kostbar und lebendig und wir fangen an zu erkennen, dass wir viel mehr sind als „nur" unser Körper. Wir wechseln die Perspektive und entdecken den Raum der Stille, des Friedens, der Weite und der Lebendigkeit.
In der tiefen Stille der Wüste Sinai kann man es spüren, ahnen, einverleiben, sich erinnern, tief hinein entspannen, sich damit voll tanken, sich zutiefst davon berühren lassen, sich darauf einstimmen, darin nach Hause kommen, ganz werden und einfach SEIN ... Hier ist der Raum, welcher es in uns auslöst und uns inspiriert. Wenn *wir* es erlauben und uns dafür öffnen, dann gibt es nichts zu tun – es geschieht einfach von alleine ...
In diesem Raum hat alles Platz. Wenn Angst auftaucht, ausgelöst durch Ereignisse von Außen, ist es gut, keine Angst vor der Angst zu haben, sondern einfach mal neugierig hinein zu spüren, wie die Angst sich anfühlt. Wie äußert sie sich im Körper? Welche Gedanken sind da? Gebe der Angst einfach Raum – entspanne in die Angst hinein. Erstaunlicherweise ist dann irgendwann die Angst weg und tiefer Frieden, Weite und Klarheit sind da. So, als ob eine dicke Wolke sich aufgelöst hätte.
Klar kann die Angst sich irgendwann wieder zeigen – sie ist zutiefst in unseren Zellen eingeprägt und wird Schicht um Schicht an die Oberfläche kommen. Wir können lernen, diesen uralten Ängsten Raum zu geben und aufzulösen und damit unser Urvertrauen zu heilen, die Perspektive zu wechseln. Wenn die Angst noch mal auftaucht, wird sie wie eine alte, vertraute Bekannte sein, die wir wieder erkennen. Wir haben die Wahl: Entweder verkriechen wir uns und bleiben in Angst und Schrecken stecken, oder wir gehen aufrichtig und in unserer vollen Größe Schritt für Schritt unseren Weg zum bewussten Sein. Ganz lebendig und im Einklang mit uns Selbst.
Ich habe die Erfahrung gemacht, dass es sich lohnt, mutig zu sein und den

nächsten Schritt zu tun! In solchen Momenten fängt das ganze Universum an, sich um uns zu drehen und wir werden reichlich für unseren Mut belohnt – auch wenn es nie Routine geworden ist und ich immer wieder zittrig an der nächsten Schwelle gestanden bin, seit ich 1993 das erste Mal ganz alleine in die Wüste ging …

In der heutigen Zeit haben wir mehr denn je die Wahl uns zu entscheiden, zwischen der immer verrückter werdenden Dualität voller Angst und Bedrohungen oder uns zu stärken und rück zu verbinden mit DEM, was man mit Worten nicht beschreiben kann. Mit DEM, was uns schon seit eh und je getragen, geführt und beschützt hat. Immer wieder, immer wieder neu, bis wir uns durch und durch davon getragen fühlen. Sogar ein einfaches Kamel kann uns helfen unser Urvertrauen zu heilen, indem es uns stetig und zuverlässig während vieler Tage über eine ständig wechselnde Landschaft trägt. Langsam aber sicher führt es uns über unsichtbare Schwellen. Diese Schwellen sind die Tore des Bewusstseins.

KAPITEL 42

Die Perspektive der Wüste

In der Wüste gibt es keine Nachrichten. Die erfahren wir erst, wenn wir uns wieder in das Weltgeschehen einklinken. Aus der Perspektive der Wüste, wo die Stille, das Verbundensein mit dem Großen Ganzen so hautnah spürbar und erfahrbar ist, ist es wie ein absurder Film.
Ich empfinde tiefes Mitgefühl mit den Menschen, die von den Ereignissen, die in den Nachrichten bekannt gemacht werden, betroffen sind und in dem Leid, Wut, Hass, Schock, Ohnmacht und Hilflosigkeit nichts anderes mehr erfahren können, als nur *das*. Es ist, als hätten sie einen „Sack über dem Kopf", sie sind eingefangen in dem Ereignis, genau so wie ich es in der Wüste empfinde, wenn meine eigenen Erinnerungen, Erlebnisse und Emotionen mich gefangen halten, wenn irgendwelche Knöpfe gedrückt werden. Gott sei Dank, habe ich erfahren, dass ich immer wieder in die Dimension der unendlichen Weite und die der Liebe, die alles durchdringt, wechseln kann.
In den Momenten, wenn das Leid der Menschen so spürbar ist, wünsche ich ihnen, dass sie die Weite der Wüste bewusst erfahren hätten, die tiefe Stille, den weiten blauen Himmel, diesen Raum jenseits von Leid, wovon alle Religionen sprechen, welcher hier so hautnah erlebt werden kann.
Es ist erstaunlich, wie sich im Laufe der Zeit gerade auch die schmerzhaftesten Ereignisse meines Lebens als die größten Katalysatoren in meiner Entwicklung herausstellen. Ich wünsche all den Menschen, die von Tragödien betroffen sind, die transformierende und heilende Kraft der Wüste und des Universums. Vor allem aber die Einsicht, dass wir viel mehr sind, als das, was unser Leid uns erfahren lässt. Leider ist es auf unserem Planeten so, das wir anscheinend am ehesten wachsen und aufwachen können, wenn tiefes Leid unser Herz berührt.
Manchmal komme ich mir wie eine Sterbebegleiterin und Geburtshelferin vor. Die vielen kleinen Tode, durch die ich im Laufe meines Lebens gegangen bin, sowie die Wunder der heranwachsenden Babys, tief in mir drin, haben mich gut darauf vorbereitet. Einsichten und Erfahrungen, die mir im

Laufe der Jahre erlaubten, einen unendlich wertvollen Schatz an Lebenserfahrung anzusammeln, ermöglichen es mir, Menschen und ihre Begegnung mit sich selbst in der Wüste einfühlsam und unterstützend zu begleiten.
Es kann sein, dass wir, durch die so starke Energie der Wüste, durch kraftvolle Reinigungsprozesse gehen. Wie ich es nenne: Durch Dick und Doof. Aber: Wo können sich alte Belastungen besser auflösen, als in der Weite der Wüste? Hier gibt es für „was immer“ den Raum der großen grenzenlosen Ausdehnung.
Das Neue, was in unserem Leben kommen will, braucht vielleicht diesen ausgedehnten Raum in der Natürlichkeit der Wüste. Hier kann die Heilung der Gefühle, die Heilung der kleinen inneren Kinder in uns, stattfinden. Es muss nicht dramatisch sein, es kann ganz still und ganz von alleine auf einer ganz tiefen Ebene geschehen. Alles was uns im Laufe dieses Lebens widerfahren ist, kann in einer ganz neuen Perspektive rücken. Es ist die ganz besondere Kraft der Wüste, auf vielen Ebenen Heilung herbeizuführen. Insbesondere wenn man sich ganz intensiv auf die absolute Stille und den tiefen Frieden einlassen kann.
Die Tage in der Wüste haben eine Qualität, die manchmal einen Wendepunkt in unserem Leben einleiten. Es ist immer wieder wunderbar, am Ende eines Wüstenaufenthalts in die weichen, entspannten Gesichter und in die strahlenden Augen der Menschen zu sehen. Dieser Moment ist ein ganz kostbarer Augenblick an der Schwelle. Leider können wir diese Erfahrung nicht festhalten – aber wir können uns jederzeit daran erinnern und uns immer wieder neu davon inspirieren lassen.
Viele Teilnehmer meiner Reisen berichten, dass die Qualitäten der Wüste noch lange nach der Heimkehr nachwirken. Größere Gelassenheit, mehr Toleranz, Flexibilität, Geduld, Weite, Leichtigkeit, Spontaneität, innere Ruhe, Zuversicht, Vertrauen, Spiritualität, Mut, Mitgefühl, Selbstwert und Respekt sind einige der bleibenden Früchte der Wüstenaufenthalte.
Im Laufe der Zeit entwickelte ich Übungen, Visualisierungen und Meditationen, die das eintauchen und sich einlassen auf die Stille und Weite der Wüste und das eigene *Sein* optimal unterstützen.
Die Beduinen, die uns bei den Reisen begleiten, sind einfache, offene, spontane und unkomplizierte flexible Menschen – die im Grunde immer wieder Wunder zustande bringen, indem sie uns, als westliche Städter, die Wüste so nah bringen und uns die Sicherheit vermitteln, die wir brauchen, um uns

einfach öffnen und einlassen zu können. Im Laufe der Jahre unserer langen Zusammenarbeit sind sie so von mir trainiert worden, dass sie den idealen Rahmen für die tiefen Erfahrungen der Teilnehmer kreieren. Am Anfang neigten sie noch dazu, meine Teilnehmer, wenn sie stiller wurden und nach innen gingen, „aufzuheitern" mit Spielchen und Witzen. Inzwischen respektieren sie die Stille der Teilnehmer. Es war ein langer, geduldiger, nicht immer leichter Weg, den ich mit ihnen gegangen bin – denn es gibt kaum ein redseligeres und lauteres Völkchen als die Wüstenbewohner.
Die Selbstverständlichkeit, Zuversicht und Normalität, welche in mir im Laufe der Jahre alleine oder mit Gruppen in der Wüste gewachsen sind, tragen sicherlich dazu bei, dass sich neu angekommene Reiseteilnehmer sehr schnell in der Stille und in der Einsamkeit „zuhause" fühlen.
Wir sind immer wieder sehr tief in der Wüste. Dort, wo es kein Wasser gibt. Dort, wo es kein Brennholz gibt. Dort, wo es keinen Supermarkt gibt. Dort, wo kein Handykontakt hergestellt werden kann. Dort, wo wir wirklich „hinter dem Mond" sind. Alles was wir brauchen muss zu diesem Platz transportiert werden. Wasser wird von einer Quelle aus in großen Kanistern an den Platz befördert. Brennholz zum Kochen wird schon lange vor Ankunft der Gruppe an einem anderen Ort gesammelt und dorthin gebracht. Proviant und Mineralwasser zum Trinken werden von der Küste aus mit Autos durch den Sand dahin gefahren.
Nie hätte ich geahnt, dass der Mut zu meinem ersten Alleingang in die Wüste Sinai vor mehr als einem Dutzend Jahre so weit reichende Folgen haben würde. Hunderte Menschen waren schon mit dabei. Ich wünsche mir und den Teilnehmern der Reisen, dass wir trotz allen Herausforderungen noch lange die Kraft und die Möglichkeit haben werden, diese Art von meditativen, heilsamen Reisen in der Wüste Sinai durchzuführen. Sie sind mein Beitrag zum Frieden und zur Menschlichkeit. Mögen wir mit Hilfe der grenzenlosen Wüste endlich kapieren, warum wir hier sind!

KAPITEL 43

Zurück zum Ursprung, Erinnerung an unsere Vision

Das allerhöchste Geschenk, welches wir uns während unserer Lebenszeit machen können, ist die Einsicht in den Raum unseres Ursprungs, in den Raum der unermesslichen Weite, Kreativität und Göttlichkeit unseres Geistes.
Wenn wir auch nur für einen kurzen Moment Einblick in diese Dimension haben, ist es, als ob in einem dunklen Raum für den Bruchteil einer Sekunde das Licht angedreht wird. In diesem Augenblick sehen wir alles. Es ist, als ob der Sack über dem Kopf weggenommen wird. Oder, als ob sogar der obere Teil des Schädels für einen Moment geöffnet ist, so dass die absolute allumfassende Liebe und Weisheit des Universums ungehindert da sein kann.
Die vielen Menschen, die Nahtod Erfahrungen erlebt haben, berichten davon. Es sind Einweihungen, die einem nachher das ganze Leben aus einer anderen Perspektive wahrnehmen lassen.
So ähnlich ist die Erfahrung, die, inspiriert durch die Weite und Stille der Wüste Sinai, geschehen *kann,* wenn die Sehnsucht danach stark genug ist. Wir müssen bereit sein, uns ganz darauf einzulassen. Man kann es nicht willentlich herbeiführen. Es ist ein tiefes Entspannen und Loslassen. Es ist Kontrolle aufgeben und Hingabe. Es ist so einfach, dass unser Gehirn es erst mal ganz kompliziert erscheinen lässt.
Es ist eine Sache des Entschlusses. Wenn wir den entsprechenden Rahmen im Außen kreieren, kann das Innere sich darauf einstimmen. Wir können den Boden vorbereiten, damit der Samen aufgehen kann. Wir können den Samen nähren, beschützen und umsorgen. Alles andere kann nur von alleine geschehen. Da gibt es nichts mehr zu tun. Unter günstigen Umständen entfaltet sich der Samen von ALL-EINE. Alle Informationen und Anlagen sind bereits vorhanden. So ist auch unser Weisheitsgeist, unser Höheres Selbst, unsere Spiritualität, bereits in uns enthalten. Wir müssen nur „aus dem Weg gehen", damit es sich wieder entfalten und ausdehnen kann.

Das Wissen um die einmalige, gewaltige, kostbare, heilende und transformierende Erfahrung, die man in der Wüste machen kann, lassen mich immer wieder über meinen eigenen Schatten und Bedenken hinausgehen. Der Wunsch, es möglich zu machen, dass Menschen diese wirklich wesentliche Erfahrungen und Einsichten *erleben* und *selber erfahren* können, wird immer stärker.
Ich bin mir durchaus den Risiken bewusst, welche ich eingehe, wenn ich mir unbekannten Menschen die Möglichkeit gebe, zwölf Tage und Nächte mit sich alleine in der Wüste zu verbringen. Auch hier ist meine eigene Hingabe gefragt und den Mut, diesen Schritt zu tun und Himmel und Erde zu verbinden.
Angesichts der absoluten Dringlichkeit einer Rückkehr zur Spiritualität und zu unserem Ursprung, kann ich gar nicht mehr anders. Ich bete, dass nur solche Menschen an einer solchen Reise teilnehmen werden, die sich bewusst sind, auf was sie sich einlassen und die die Verantwortung für sich – und damit für uns alle – übernehmen. Ich erinnere mich an diese uralte Weisheit: „Der Zweck *heiligt* die Mittel" und vertraue auf die Kraft des Gebets.
Seit Jahrhunderten haben religiöse Schriften, Gedichte und Philosophien uns auf die latente Kraft des Geistes in jedem von uns hingewiesen, welche auf mysteriöse Art beeinflusst, was in der Zukunft passieren wird. Wir sind jetzt dabei zu entdecken, dass diese Kraft des Gebets ein Energiefeld der Absicht kreiert, welches sich aus uns hinaus bewegt, welches sich ausdehnen und welches man stärken kann. Insbesondere wenn wir uns mit anderen in einer gemeinsamen Vision verbinden.
Je mehr wir uns an die Vision unseres spirituellen Ursprungs erinnern, desto größer ist die Chance, dass wir alle miteinander unser „Experiment Mensch sein" auf die höchstmögliche Stufe anheben – ungeachtet unserer Hautfarbe, Tradition oder Religion.
In der Wüste ist sichtbar, dass der Himmel bis ganz auf die Erde reicht. Es ist so einfach. Wir müssen es nur sehen.

KAPITEL 44

Die Leere

ANHANG

Einige Übungen

Diese Übungen sind nicht „nur" zum lesen gedacht, sondern eine Einladung sie tatsächlich nach zu vollziehen. Hilfreich ist es, den Text ganz langsam und mit vielen Pausen selber auf einen Tonträger zu sprechen, oder ihn vorlesen zu lassen.

Die heilende Kraft der Elemente

DAS ELEMENT ERDE

Stelle Dir vor, Du stehst mitten in der Wüste,
die Füße schulterbreit auseinander …
Lasse Deine Augen sich schließen …
Höre die tiefe Stille, hinter dem inneren und äußeren Lärm …
Spüre, wie Dein Atem kommt und geht …
Fühle die Kleidung auf Deiner Haut …
Nehme wahr, wie Deine Fußsohlen die Erde berühren …
Nehme wahr, was passiert, wenn Du Deinem Körper erlaubst, sich sanft hin und her zu wiegen …
Wie verändert sich, Millimeter um Millimeter, die Berührung Deiner Füße mit der Erde …
Nehme es einfach wahr, ohne darüber nachzudenken – *nur* wahrnehmen, spüren, fühlen …
Jetzt stell Dir vor, dass Deine Fußsohlen anfangen, porös zu werden und dass die Energie und die Kraft der Erde anfängt, durch die Fußsohlen hindurch in Dir aufzusteigen …
Ganz langsam …
Nehme es wahr, spüre es …
Erlaube den Fußgelenken, sich zu bewegen, so dass Du Raum schaffst innerhalb der Gelenke, damit die Energie der Erde sich ausdehnen kann, so dass

die Fußgelenke durchlässig und weit werden, damit diese Energie der Erde weiter aufsteigen kann …
Bis in die Kniegelenke …
Jetzt erlaube den Kniegelenken, sich zu bewegen und schaffe auch hier Raum innerhalb der Gelenke, damit die Energie der Erde sich in den Kniegelenken ausdehnen kann und auch sie durchlässig und weit werden und die Energie der Erde weiter aufsteigen kann …
Nun stelle Dir vor, dass, durch die Bewegung und durch das Aufsteigen der Erdenergie, alle Ablagerungen in den Gelenken anfangen, abzurieseln, wie ganz feiner Sand, der zur Erde zurückkehrt und *noch* mehr Raum schafft für die Erdenergie, die aufsteigt in Deine Gelenke und in die Knochen, das Erdelement in Deinem Körper …
Bis weiter in die Hüftgelenke …
Gebe auch Deinen Hüftgelenken die Erlaubnis, sich zu bewegen, weit zu werden, Raum zu schaffen für die Energie der Erde, die jetzt durch die Fußsohlen, durch die Kniegelenke und durch die sie verbindenden Knochen aufsteigt bis in die Hüftgelenke. Auch hier löst sich alles Überflüssige, alle Ablagerungen rieseln wie ganz feiner Sand zurück zur Erde …
Und die Energie steigt weiter auf, bis in Deine Wirbelsäule … Wirbel um Wirbel schaffst Du Raum … Alles Überflüssige und Abgestandene rieselt ab und fällt wie feiner Sand auf die Erde … Damit die Erdenergie weiter aufsteigen kann durch die Wirbelsäule, bis in die …
Schultergelenke … Auch hier schaffst Du Raum, dehnst Dich, bewegst Dich, wirst weit und locker und die Ablagerungen rieseln wie feiner Sand hinunter bis auf die Erde …
Die Kraft und Energie des Elements Erde steigt auf, durch die Fußsohlen, durch die Fußgelenke, durch die Kniegelenke, durch die Hüftgelenke, durch die einzelnen Wirbel der Wirbelsäule, durch die Schultergelenke und die überall dazwischen liegenden Knochen bis in die Ellenbogengelenke …
Und weiter bis in die Handgelenke, die Fingergelenke …
Alles in Bewegung, Raum schaffend, Platz machend, Ablagerungen als ganz feiner Sand zur Erde zurückkehrend …
Damit die Kraft und Energie der Erde ganz kraftvoll und in seiner puren Energie in Dir aufsteigen und Dich und das Element Erde in Dir erneuern, erfrischen und erweitern kann …
Und weiter hoch bis an die Schädelbasis und bis in die Kiefergelenke … Und

lasse alles locker, weit werden, sich ausdehnen … Lasse los, was Du seit ganz langer Zeit schon festgehalten und abgelagert hast, bewusst oder unbewusst … Lasse los, lasse es zur Erde rieseln, wie feiner Sand … Auch aus der Schädeldecke, aus der Stirn, aus den ganzen Knochen Deines Kopfes …
Und schaffe Raum, mache Platz für die gewaltige Energie und natürliche Kraft des Elementes Erde … Lasse es in Dich einströmen, durch die Fußsohlen, durch die Fußgelenke, durch die Kniegelenke, durch die Hüftgelenke, durch die einzelnen Wirbel der Wirbelsäule, durch die Schultergelenke, durch die Ellenbogengelenke, durch die Handgelenke, durch die Fingergelenke und weiter an der Wirbelsäule hoch durch die Schädelbasis, durch die Kiefergelenke, bis in alle Knochen Deines Schädels …
Und spüre, wie Deine Knochen sich erinnern an die Energie und die natürliche Kraft der Erde. Sie saugen es auf, werden voll und ganz und rundherum erneuert durch diese pure Energie der Erde …
Nimm Dir soviel Zeit wie Du brauchst, um Dich ganz, bis in die letzten Winkel und Zellen Deiner Knochen, mit dieser Erdenergie aufzuladen …
Um dann langsam, langsam wieder zurück zu kommen in diesen Moment, jetzt … und das Erlebte ausklingen zu lassen ...
Und bedanke Dich beim Element Erde für alles, was es Dich gelehrt hat und für alles, was es in Dir gereinigt und aufgeladen hat …

DAS ELEMENT WASSER

Spüre wieder die Berührung Deiner Fußsohlen mit der Erde …
Erlaube Deinem Körper, Dich sanft hin und her zu wiegen und nehme Millimeter um Millimeter war, wie die Berührung Deiner Fußsohlen mit der Erde sich durch diese sanfte Bewegung verändert … Spüre es … Fühle es …
Stell Dir vor, dass aus Deinen Fußsohlen heraus Wurzeln wachsen, die sich langsam, langsam bis ganz tief in die Erde hineintasten, Millimeter um Millimeter, vorsichtig, achtsam, immer tiefer in die Erde hinein gehen, spüren, fühlen, bis sie Wasser finden …
Nehme den Moment war, wenn Deine Wurzeln das Wasser berühren …
Nimm Dir Zeit, diesen Augenblick der Begegnung Deiner Wurzeln mit dem Wasser mit Deinem ganzen Wesen zu erfahren …
Halte inne und spüre einfach nach …

Jetzt stell Dir vor, dass Deine Wurzeln ganz tief in das Wasser eindringen …
Sie fangen an, porös zu werden und das Wasser langsam, langsam in sich aufzunehmen …
Und hoch zu ziehen …
Durch Deine Fußsohlen hindurch bis tief in Deinem Körper hinein …
Verbindet sich dieses Wasser mit allen Flüssigkeiten in Deinem Körper, mit allen Säften, mit der Lymphe, mit Deinem Blut…
Und durchspült Deine Gefäße …
Reinigt und erneuert …
Und umfließt Deine Knochen und Gelenke …
Durch die Fußsohlen, durch die Fußgelenke, durch die Kniegelenke, durch die Hüftgelenke, durch die einzelnen Wirbel der Wirbelsäule, durch die Schultergelenke, durch die Ellenbogengelenke, durch die Handgelenke, durch die Fingergelenke und weiter die Wirbelsäule hoch bis an die Schädelbasis, da hindurch bis in die Kiefergelenke, in den Mund, um die Augen, innerhalb des Schädels, durch Dein Gehirn …
Es reinigt und kräftigt alle Säfte und Organe …
Und Du bewegst Dich dabei, so, wie es sich natürlich und fließend anfühlt, so dass alle diese Säfte und das Wasser optimal fließen und Dich reinigen können …
Und langsam, langsam, lösen sich alle Deine Grenzen auf und Du *wirst zum Wasser …*
Du wirst zu diesem lebendigen, fließenden Element Wasser und nimmst die verschiedenen Qualitäten des Wassers war …
Vertraue Deiner Wahrnehmung, vertraue Deinem Körper und lasse Dich zu Wasser werden, Wasser sein …
Mal ein stilles Wasser, mal ein Tautropfen, mal ein Wasserfall, ein Bächlein, ein großer Fluss, die Wellen des Ozeans …
Nehme Dir die Zeit, die Du brauchst, diese verschiedenen Qualitäten und Facetten des Wassers da sein zu lassen …
Spüre und nehme die verschiedenen natürlichen Qualitäten des Wassers war, verkörpere sie, *lerne* vom Wasser, ohne darüber nachzudenken, einfach indem Du zum Wasser *wirst …*
Um dann langsam, langsam, wieder zurück zukommen in diesem Moment jetzt, und das Erlebte ausklingen zu lassen …
Lasse Deine Wurzeln wieder zurückkehren in Deine Fußsohlen, so dass Du

wieder ganz einfach *auf* der Erde stehst …
Und bedanke Dich beim Element Wasser, für das, was es Dich gelehrt und für Dich gereinigt hat …

DAS ELEMENT FEUER

Spüre wieder die Berührung Deiner Fußsohlen mit der Erde …
Erlaube Deinen Körper, Dich sanft hin und her zu wiegen und nehme Millimeter um Millimeter wahr, wie die Berührung Deiner Fußsohlen mit der Erde sich durch diese sanfte Bewegung verändert … Spüre es … Fühle es …
Stell Dir vor, wie jede einzelne Zelle in Deinem Körper anfängt Kontakt aufzunehmen mit dem tiefen, glühenden Kern der Erde und mit dem heißen Feuer der Sonne …
Ohne sich zu verbrennen …
Sondern, sich erinnernd an das eigene innere Feuer …
Springt der Funke des Feuers in jede einzelne Zelle Deines Körpers über ...
Angefangen in den Füßen, in den Fußgelenken, in den Waden, in den Kniegelenken, in den Oberschenkeln, in den Genitalien, im Bauch, im Gesäß, im Rücken, in der Wirbelsäule, in den inneren Organen, im Brustbereich, im Herzen, im Hals, im Nacken, in den Schultergelenken, in den Armen, in den Ellenbogengelenken, in den Händen, in den Handgelenken, in den Fingergelenken, in den Muskeln, in den Knochen, im Gesicht, im Schädelknochen, im Gehirn …
Überall ist nun der Funke übergesprungen und hat die reinigende, transformierende Qualität des Feuers in Deinem Körper wieder angezündet …
Alles was Du nicht mehr brauchst wird verbrannt und transformiert, alles Überflüssige wird losgelassen …
Erinnere Dich, wie es ist, zu brennen – ohne Dich zu *ver*brennen – einfach lichterloh in Feuer und Flamme zu stehen …
Zum Feuer zu werden …
Vielleicht eine kleine Flamme, vielleicht ein loderndes Feuer, vielleicht ein Waldbrand …
Nehme Dir die Zeit, die Du brauchst, die verschiedenen Arten des Feuers da sein zu lassen …
Spüre und erfahre die natürliche Qualität des Feuers …

Erlaube Deinem Körper, sich zu bewegen wie das Feuer, damit Du es ganz spüren und nachvollziehen kannst …
Es gibt nichts zu *tun,* außer einfach Deinem Körper zu erlauben, das Feuer zu *sein* und es zu *verkörpern,* damit Du es erfahren, erfassen und verstehen kannst, jenseits von Worten …
Vertraue der Weisheit Deines Körpers, der das Feuer kennt …
Und jetzt, langsam, langsam, erlaube dem Feuer, ganz in seiner eigenen Zeit, zur Feuerglut zu werden …
Spüre die einmalige Qualität und die Kraft dieser Feuerglut, die nun langsam anfängt über zu gehen in ganz feine, saubere Asche …
Und nehme wahr, wie sich diese langsame Verwandlung von Feuer zu Asche anfühlt …
Spüre es, nehme Dir die Zeit die Du brauchst, um diesen Prozess nun abzuschließen und komme langsam, langsam wieder zurück in diesen Moment jetzt …
Spüre, wie Du jetzt hier auf der Erde stehst und bedanke Dich beim Element Feuer, für das, was es Dich gelehrt hat und für das, was es für Dich verbrennt und transformiert hat …

DAS ELEMENT LUFT

Spüre die Berührung Deiner Fußsohlen mit der Erde und nehme wahr, wie Du auf der Erde stehst …
Erlaube Deinem Körper, Dich sanft hin und her zu wiegen und nehme Millimeter um Millimeter wahr, wie die Berührung Deiner Fußsohlen mit der Erde sich durch diese sanfte Bewegung verändert … Spüre es … Fühle es …
Jetzt, nehme sieben ganz tiefe Atemzüge durch den offenen Mund …
Eins … Zwei … Drei … Vier … Fünf … Sechs … Sieben …
Und nehme wahr, wie die Luft sich in dem Körper verteilt …
Atme weiter, mit tiefen Atemzügen durch den offenen Mund …
Spüre, wie der Atem bis in alle Zellen Deines Körpers hineinreicht und sie auffühlt mit Luft und Sauerstoff …
Bis Deine Grenzen verschwinden und Du eins wirst mit der Luft und den Sauerstoff um Dich herum …

Du wirst Eins mit dem lebenswichtigen Element Luft ...
Du wirst zum Atem, Du wirst zur Luft ...
Und erlaube Deinem Körper, sich zu bewegen, so wie die Luft, so wie der Wind sich bewegt ...
Vielleicht ein ganz zarter, kaum spürbarer Hauch, vielleicht ein kraftvoller Sturm, vielleicht ein Orkan, ja, eine unaufhaltsamer Wind, der überall hinkommt ...
Spüre diese Qualität und die natürliche Eigenschaften der Luft und des Windes ...
Werde zu Wind und lasse Dich gleichzeitig durchpusten, so dass alles was Du nicht mehr brauchst, einfach vom Wind weggetragen wird und Du frei wirst und leicht ...
Lasse Dich ein auf diese unendlich lebendige Kraft dieses Elementes ...
Ohne Form, leicht und frei ...
Mit einer unendlichen Sanftheit und einer unbändigen Kraft, die Berge versetzen kann ...
In Dir und *außerhalb* von Dir ...
Erkenne und erfasse die Qualität des Elements Luft, verkörpere es und spüre es mit all Deinen Sinnen ...
Die vielen Aspekte dieses Elements ...
Spiele damit ...
Um langsam, langsam, wieder zurückzukehren in diesem Moment jetzt ...
Nehme Dir die Zeit die Du brauchst um nachzuspüren ...
Nehme wahr, wie Deine Füße die Erde berühren und bedanke Dich beim Element Luft für das, was es Dir gelehrt hat und für das, was es von Dir weggepustet hat, damit Du frei und leicht sein kannst ...

ERDE – WASSER – FEUER – LUFT

Und jetzt, zum Abschluss, fühle noch einmal, wie Deine Füße die Erde berühren, lasse Deine Augen noch geschlossen, damit Du tief nach innen spüren kannst, und erlaube allen vier Elementen noch einmal gleichzeitig in Deinem Körper spürbar anwesend zu sein ... Drücke ihre Anwesenheit aus, durch die Bewegung Deines Körpers, die sich einfach von Innen aus entfaltet ...

Nehme Dir Zeit, einfach das Zusammenspiel und die gleichzeitige Anwesenheit von ERDE – WASSER – FEUER – LUFT in Dir und um Dich herum wahrzunehmen und auszudrücken …
Ohne den Kopf einzuschalten …!
Nur fühlen und spüren und *sein* …!
Und erlaube Dir, diese Elemente sich in ihrer ganzen Natürlichkeit, Kraft und Sanftheit durch Dich ausdrücken zu lassen … Gehe *Dir* aus dem Weg und erinnere Dich an die Einfachheit des *Seins* …
Nehme Dir die Zeit, die Du brauchst, das Zusammenspiel der Elemente und die einzigartige Qualität von jedem einzelnen Element zu erfassen, zu spüren, zu verkörpern!
Lasse langsam, langsam, ganz in Deiner eigenen Zeit, die Bewegung ausklingen … Spüre, wie Du auf der Erde stehst, die Berührung Deiner Fußsohlen mit der Erde, und erinnere Dich für einen Augenblick daran, dass Dein Körper aus diesen Elementen Erde, Wasser, Feuer und Luft entstanden ist, damit Du Deine Erfahrungen auf diesen Planeten machen kannst … Genau so, wie Dein Körper die Elemente wieder auflösen wird, wenn es Zeit ist, in den Raum jenseits dieser Erfahrung auf der Erde zu gehen …
Zum Wohle aller Beteiligten und weit darüber hinaus.

The EARTH is my BODY
WATER my BLOOD
The AIR is my BREATH
And FIRE my SPIRIT
(Indianerlied)

Verbinde Himmel und Erde

Nehme wahr, wie Deine Füße die Erde berühren ...
Spüre Deinen Atem, wie er kommt und geht ...
Spüre die Kleidung auf Deiner Haut ...
Und komme einfach in diesem Moment an, Jetzt ...
Lasse Deine Augen geöffnet, auf Weitwinkel, so dass Du alles wahrnimmst, ohne Dich auf irgendetwas zu fixieren und lasse Deinen Blick einfach auf der Erde ruhen ...
Bringe die Aufmerksamkeit in die rechte Hand ...
Hebe den gestreckten rechten Arm hoch und wieder runter:
Verbinde Himmel und Erde
Hebe den gestreckten linken Arm hoch und wieder runter:
Verbinde Himmel und Erde
Hebe beide Arme hoch und wieder runter:
Verbinde Himmel und Erde
Lasse die Fingerspitzen beider Hände sich berühren, während die Arme der Länge nach vor dem Körper hängen und hebe die beiden sich berührenden Hände am Körper entlang bis vors Herz:
Schöpfe die Kraft aus der Erde
Und bringe sie zu Deinem Herzen
Strecke die beiden Hände gemeinsam weit nach vorne hinaus:
Gebe sie (die Kraft) hinaus
Lasse die Hände/Arme jeweils horizontal auf die Seite gehen:
Öffne Dich
Handflächen nach oben, lasse die gestreckten Arme langsam nach oben gehen, bis sich die Hände mit den Handflächen weit oben über dem Kopf berühren:
Empfange
Bringe die beiden sich mit den Handflächen berührenden Hände bis auf den Kopf:
Nehme das Empfangene in Dich hinein
Lasse die Hände sich umdrehen nach außen und mit gestrecktem Arm bis in die Horizontale gehen, die Handflächen zeigen nach unten:
Gebe es weiter

Hände drehen sich um, Handflächen nach oben, die gestreckten Arme gehen hinunter, bis sie seitlich am Körper hängen:

Bringe es zur Erde

Diese Übung kann sich viele Male wiederholen. Es ist sehr effektiv, die Übung während vieler Tage hintereinander zu praktizieren. Bis man es verkörpert.

Übung der Ausdehnung

Spüre, wie Deine Füße die Erde berühren und wie die Erde Dich trägt …
Spüre die Kleidung auf Deiner Haut und Deinen Atem, wie er kommt und geht …
Und komme an in diesem Moment, Jetzt …
Erlaube Deinem Körper, Dich sanft nach Links und nach Rechts zu wiegen …
Lasse alles von Dir abfallen, was Du jetzt nicht brauchst …
Entspanne Dich immer mehr und erlaube Deinen Körper, sich auszudehnen und weit zu werden …
Räkele Dich, schüttele Dich, lasse Dich nach vorne über hängen und …
Lasse los …
Langsam, langsam, richte Dich wieder Wirbel um Wirbel auf in Deiner vollen Größe …
Und stelle Dir vor, wie langsam, langsam, Dein Körper anfängt, sich auszudehnen …
Millimeter um Millimeter, Zentimeter um Zentimeter, Meter um Meter, Dich auszudehnen …
Weit über die Berge ringsum hinaus, bis Du die Meere und die Länder um Dich herum wahrnehmen kannst …
Die Länder, die Kontinente …
Und Du bis weit in den Himmel hineinwächst …
Sich Deine Begrenzung auflöst und *alles in Dir ist …*
Alles ist *in* Dir …
Die Landschaften, die Meere, die Sterne, die Planeten …
In dieser Ausdehnung bist Du *eins* mit *allem* …
Nehme wahr, wie es sich anfühlt …

Diese Weite, diese Ausdehnung, die Grenzenlosigkeit …
Und von hier aus, nehme die Erde war …
Ihre Landschaften, ihre Meere, die Elemente …
Und die Menschen, die endlose Vielfalt und Vielzahl der Menschen …
Ihr Leid, ihre Hoffnung, ihr Leben und ihren Tod …
Die unendliche Vielfalt …
Und das, was alle gemeinsam haben …
Jeder wurde geboren und jeder wird sterben …
Nehme all das wahr, aus dieser Ausdehnung heraus, wo alles und jedes *in Dir* stattfindet …
Und spüre den göttlichen Funken, die Weisheit und die Liebe, die alles und jeden durchdringen …
Wie immer das sich in diesem Augenblick für Dich anfühlt …
Erlaube Dir, dies wahrzunehmen mit allen Fasern Deines Seins …
Jenseits des Verstandes und jenseits des Denkens …
Spüre und nehme wahr …
Und erinnere Dich, woher Du kommst und wohin Du gehst …
Eingebunden im Großen Ganzen …
Um jetzt langsam, langsam wieder zurückzukehren in Deinen jetzigen menschlichen Körper, in Deiner jetzigen Körpergröße …
Spüre Deine Füße auf der Erde in diesem Moment, jetzt und wisse, dass Du jederzeit in diese Weite und Ausdehnung zurückkehren kannst.
Lasse langsam, langsam, ganz in Deiner eigenen Zeit, die Augen sich öffnen und setze Dich an einem Platz hin, von wo aus Du die weite Landschaft der Wüste auf Dich wirken lassen kannst …
Zum Wohle aller Beteiligten und weit darüber hinaus.

NACHWORT

Dieses Buch möchte ich mit einem Text aus der tibetischen Tradition, die mir sehr am Herzen liegt, abschließen:

By the power and the truth of this practice:
(of being in the Desert of Sinai)
May all sentient beings enjoy happiness,
And the causes of happiness;
May they be free from suffering,
And the causes of suffering;
May they never be separated from the great
Happiness devoid of suffering,
And may they dwell in the great equanimity
That is free from attachment and aversion.
(Mögen durch die Kraft und die Wahrheit dieser Praxis
Alle Wesen Glück erfahren und die Ursache von Glück.
Mögen sie frei sein von Leid und den Ursachen von Leid.
Mögen sie niemals getrennt sein von der großen
Glückseligkeit, die frei ist von Leid.
Und mögen sie im großen Gleichmut verweilen,
frei von Anhaftung und Abneigung.)

Die Magie des Amazonas

Die Lebensgeschichte des Schamanen Don Agustin Rivas Vasquez

ISBN 978-3-89539-479-9

Zum Inhalt: Diese faszinierende und ergreifende Biographie des höchstrangigen peruanischen Schamanen und Ayahuasquero Don Agustin Rivas Vasquez ist voller Geheimnisse, Gerüche, Geräusche und einer Realität, die weit über unseren Erfahrungshorizont hinausreicht. Don Agustin ist ein vielschichtiger, charismatischer Charakter, der den Leser an Castaneda erinnert. Im Geiste anderer Biographien großer spiritueller Führer und Lehrer beschreibt „Magie des Amazonas" das Leben eines Mannes, seiner Kultur und seines Territoriums – den Amazonas. Durch das Lesen bleiben wir mit einem Gefühl von Verantwortung, Demut und Wunder zurück.

Die Autorin: Jaya Bear, Frau des verstorbenen bekannten Indianerhäuptlings Sun Bear, lebt heute in New Mexico und ist als Autorin, Künstlerin, Unternehmerin und Organisatorin von Workshops und Reisen tätig. Mit dem vorliegenden Buch ist es Jaya gelungen, ein fesselndes ethnisches Dokument zu erschaffen, das die Sicht eines Insiders in die Welt des Schamanismus im Amazonas enthüllt. Jaya Bear portraitiert die geistige Welt der Natur durch die Wärme und das Wissen von Don Agustin Rivas, nahe einer Realität, die wir alle verstehen können.

Die Kraft zu heilen

Ein klarer, kompakter und umfassender Führer in Energie Heilen

ISBN 978-3-89539-482-9

Zum Inhalt: In umfassender, dennoch kompakter Weise eröffnet Robert Pellegrino-Estrich dem Leser einen Zugang zu Heilmethoden die so alt sind wie die Menschheit, jedoch durch die moderne Medizin verdrängt wurden und teils in Vergessenheit gerieten. Der Autor untermauert seine Angaben mit eigenen Erfahrungsberichten und wissenschaftlichen Belegen. Kaum ein Thema welches er nicht kompetent behandelt, sei es Krankheit, Karma, Energien, Chakren, Geisthelfer oder Medien – was passiert, warum passiert es, wie passiert es? Für jeden verständlich geschrieben, mit leichtem Zugriff auf Fakten, hilfreich für Neulinge und ebenso für Menschen die schon als Heiler tätig sind oder tätig werden wollen. Ein unverzichtbares Grundlagenwerk zu den Themen „spirituelles Heilen" und „Heilen durch Energien".

Der Autor: Robert Pellegrino-Estrich, bekannt durch sein Buch „Der Wunderheiler – die Lebensgeschichte von Joao de Deus", welches Leben und Wirken des wohl bedeutsamsten Heilmediums unserer Zeit beschreibt, hat sein Wissen durch seine Mithilfe bei verschiedenen Heilern in der ganzen Welt gesammelt. Er arbeitet seit vielen Jahren mit Joao de Deus in Brasilien zusammen und auch seine Frau Catarina ist eine hervorragende Heilerin mit über 25 Jahren Erfahrung. Robert selbst wurde von Joao de Deus von Asthma geheilt und war Zeuge unzähliger Heilungen jeglicher Art.